NOTICE

SUR LES

TITRES

ET

TRAVAUX SCIENTIFIQUES

DU

DR DOPTER

———————— :o: ————————

PARIS

J.-B. BAILLIÈRE ET FILS

—

1918

I. — TITRES ET FONCTIONS

Docteur en Médecine, 29 novembre 1896.

Professeur Agrégé à l'Ecole d'Application du Service de Santé militaire du Val-de-Grâce (Maladies et Epidémies des Armées), de 1904 à 1908 inclus.

Professeur à l'Ecole d'Application du Service de Santé militaire au Val-de-Grâce (Chaire des Maladies et Epidémies des Armées), depuis 1913.

Membre de la Commission permanente pour la prophylaxie des maladies infectieuses dans l'armée depuis 1909.

Membre du Conseil supérieur d'Hygiène publique de France près le Ministre de l'Intérieur, 1913.

Membre du Conseil supérieur des Eaux près le Ministre de la Guerre, 1913.

II. — MISSIONS

Mission en Allemagne pour l'étude de la méningite cérébro-spinale.

Mission dans le Calvados (1909) pour enrayer l'épidémie de méningite cérébro-spinale qui sévissait en de nombreuses localités de ce département.

Missions diverses dans l'armée.

Mission du choléra à Marseille, 1911.

Mission spéciale au G. Q. G. pendant la guerre pour toutes les questions techniques concernant l'Hygiène, l'Epidémiologie, la Prophylaxie des maladies infectieuses, et la Protection des troupes contre les gaz asphyxiants.

III. — SOCIÉTES SAVANTES

Membre de la Société Médicale des Hôpitaux, 1904.

Membre de la Société de Médecine Militaire, 1906.

Membre de la Société de Pathologie exotique, 1908.

Membre de la Société de médecine publique et de génie sanitaire, 1909.

Membre de la Société de Pathologie comparée, 1909.

Membre de la Société de Biologie, 1912.

IV. — DISTINCTIONS HONORIFIQUES

Lauréat de l'Académie de Médecine :

1906, Prix Civrieux (Encéphalite hémorragique).

1907, Prix Buisson (Travaux sur les Dysenteries).

1913, Prix Buisson (Travaux sur la Méningite cérébro-spinale).

Lauréat de l'Académie des Sciences :

1907, Prix Bréant.

1913, Prix Bréant.

Médaille d'or des Epidémies décernée par M. le Ministre de l'Intérieur pour l'épidémie de choléra de Marseille, 1911.

Chevalier de la Légion d'honneur, 1913.

Chevalier de l'ordre de Léopold, 1915.

V. — ENSEIGNEMENT

1° Conférences sur les maladies et épidémies des armées.

2° Conférences et travaux pratiques de bactériologie.

3° Cours des maladies et épidémies des armées au Val-de-Grâce.

4° Cours de Bactériologie à l'Institut Pasteur sur les bacilles dysentériques et le méningocoque.

5° Cours de Bactériologie au Val-de-Grâce.

VI. — PUBLICATIONS

I. — **Hygiène alimentaire** (en collaboration avec le Dr Rouget), in-8 de 318 pages, *in Traité d'Hygiène de* Brouardel, Chantemesse et Mosny. Paris, 1906, J.-B. Baillière et fils, édit.

II. — **Hygiène militaire** (en collaboration avec le Dr Rouget), in-8 de 350 pages avec figures, *in Traité d'Hygiène de* Brouardel, Chantemesse et Mosny, Paris, 1907, J.-B. Baillière et fils, édit.

III. — **Bactériologie des Dysenteries**. in-18 de 300 pages. *Collection scientifique encyclopédique*, Paris, O. Doin, éditeur.

IV. — **Les Dysenteries**. Symptomatologie, anatomie pathologique, traitement, prophylaxie, in-18 de 200 pages. *Collection des armées de terre et de mer*, Paris, 1908, O. Doin, éditeur.

V. — **Maladies Infectieuses**, in-8, 580 pages avec figures. *In Pathologie interne de la Bibliothèque du Doctorat en médecine de* Gilbert et Fournier. Paris, 1913, J.-B. Baillière et fils, éditeurs.

VI. — **Précis de Bactériologie** (en collaboration avec le Dr Sacquépée), in-8, 938 pages, avec fig. noires et coloriées. *Bibliothèque du Doctorat en médecine de* Gilbert et Fournier. Paris, 1914, J.-B. Baillière et fils, éditeurs.

VII. — **Diagnostic et Traitement de la Méningite cérébro-spinale**. 1 vol. in-16, de la *collection des Actualités Médicales*. Paris, 1917. J.-B. Baillière et fils, éditeurs.

VII. — TRAVAUX

MALADIES INFECTIEUSES

ANGINES DIVERSES ET DIPHTÉRIE

Sur un cas d'angine à bacilles fusiformes (*Presse Médicale*, 10 août 1898).

Un des premiers cas d'angine à bacilles fusiformes publiés après la découverte de M. H. Vincent. Observation offrant cette particularité que l'affection s'est propagée d'une amygdale à l'autre et qu'elle a présenté une courte récidive.

Note sur la contagion de l'angine et de la stomatite de Vincent (*Société médicale des Hôpitaux*, mai 1902).

Cas de contagion indiscutable : un militaire ayant fait usage de la pipe d'un de ces camarades porteur d'une angine fuso-spirillaire contracte l'affection ; un jeune homme est contaminé par sa maîtresse atteinte d'angine de Vincent. La stomatite de même nature peut reconnaître pour origine une angine fuso-spirillaire, et inversement.

L'angine de Vincent (*Gazette des Hôpitaux*, 10 mai 1902).

Revue générale destinée à mettre au point l'état de nos connaissances à cette époque sur l'angine et la stomatite ulcéro-membraneuse à fuso-spirilles : symptomatologie, complications, étiologie, anatomie pathologique, diagnostic et traitement.

Le rétrécissement pupillaire dans les angines phlegmoneuses banales et diphtériques (*Société médicale des Hôpitaux*, 27 mai 1904).

Note sur la nature diphtérique de certaines angines phlegmoneuses (*Société médicale des Hôpitaux*, 13 mai 1904).

De ce qu'une angine est phlegmoneuse, on ne peut en déduire que la nature diphtérique doive être d'emblée écartée. Comme l'a montré L. Martin, l'examen révèle parfois en pareil cas, à la surface de la muqueuse, des exsudats que l'examen bactériologique rapporte indiscutablement à la diphtérie : le phlegmon sous-jacent est dû à une association secondaire, au streptocoque le plus souvent.

Action locale du sérum antidiphtérique (*Société médicale des Hôpitaux*, 31 mars 1905, et *Gazette des Hôpitaux*, 4 avril 1905).

Sur la prophylaxie des paralysies diphtériques du voile du palais par les pastilles de sérum antidiphtérique desséché (*Société médicale des Hôpitaux*, mai 1907).

L'action locale du sérum antidiphtérique anti-microbien, déjà expérimentée par L. Martin, a été tentée sur la muqueuse de la gorge, puis sur la muqueuse nasale, chez les sujets convalescents de diphtérie.

Action sur le bacille diphtérique de la gorge. — D'une façon générale, on constate que, le lendemain du début du traitement, la douleur pharyngée est diminuée, les fausses membranes se gonflent, deviennent jaunâtres ; enfin, en pratiquant les examens en série, au jour le jour, on assiste à la diminution graduelle et rapide des colonies de bacilles diphtériques, jusqu'à leur disparition complète.

Dans la grande majorité des cas, *les pastilles de sérum desséché de Martin assurent la disparition du bacille diphtérique au plus tard en cinq jours : un délai inférieur est l'exception ; les récidives sont rares.*

Action sur le bacille des fosses nasales. — Mêmes essais à l'aide de poudre de sérum anti-microbien desséché : une prise toutes les heures.

Quoique donnant des résultats moins favorables, l'influence thérapeutique de ces prises de sérum desséché est évidente : elle contribue à diminuer dans une certaine mesure la persistance du germe diphtérique fixé dans les fosses nasales.

Bien utilisée, cette pratique contribue à mettre le malade à l'abri des diphtéries prolongées, des accidents dus à l'action nocive de la toxine constamment élaborée par des germes sans cesse en activité ; elle semble éviter les paralysies du voile du palais. Elle contribue enfin à diminuer dans de fortes proportions le séjour des malades à l'hôpital.

Un cas d'angine pseudo-membraneuse d'aspect diphtérique causée par un pseudo-méningocoque (Progrès Médical, 18 juillet 1908).

Observation d'un malade atteint d'une angine pseudo-membraneuse ressemblant étrangement à une angine diphtérique de par ces caractères cliniques et l'état général qu'elle a provoqué. Le germe infectant se rapprochait du méningocoque par son aspect morphologique, et n'en différait que par ses réactions biologiques. C'est le premier cas signalé d'une angine à fausses membranes, produite par le *diplococcus pharyngis flavus* I.

Diagnostic bactériologique des angines (Paris médical, avril 1912).

Diagnostic bactériologique de la diphtérie (Paris Médical, 14 mai 1912).

Exposé de la technique à utiliser pour arriver à déceler la nature étiologique des angines : angine de Vincent, angine à streptocoques, à pneumocoques, etc. Mention spéciale pour la recherche du bacille de Löffler dans la gorge des malades et des suspects. Interprétation des résultats.

SCARLATINE

Sur l'agglutination des streptocoques chez les Scarlatineux (Société de Biologie, 14 mai 1904).

Contribution à l'étude du rôle du streptocoque au cours de la Scarlatine (avec M. BESREDKA) (*Annales de l'Institut Pasteur,* 25 juin 1904).

A aucun stade de la scarlatine, le sérum de scarlatineux n'agglutine d'une manière spécifique les streptocoques recueillis chez ces malades.

Les difficultés de cette recherche pouvant exposer à des causes d'erreur, la question a été jugée plus simple à résoudre par la recherche de la sensibilisatrice au moyen du procédé classique de Bordet-Gengou.

Or, dans aucun des échantillons de sérum provenant de malades atteints de scarlatine et en voie de guérison, il n'a été possible de constater la présence de fixateur, ni vis-à-vis de streptocoques isolés du sang du cœur, chez des personnes mortes de scarlatine, ni vis-à-vis de leur propre streptocoque, isolé de la gorge.

Le streptocoque, que l'on rencontre dans la scarlatine, ne

paraît donc pas être spécifique de cette infection ; il n'y intervient, probablement, qu'à titre d'agent d'association secondaire.

Le régime déchloruré préventif dans la Scarlatine (*Société médicale des Hôpitaux*, 16 juin 1905).

Institution du régime déchloruré préventif chez un grand nombre de scarlatineux, dès qu'ils demandaient à s'alimenter. Aucun cas d'albuminurie n'a été constaté chez eux, alors qu'un lot de malades témoins appartenant à la même épidémie et traités par le régime lacté classique, a présenté 3 cas d'albuminurie et 4 cas de néphrite vraie.

OREILLONS

Deux cas de méningite lymphocytique ourlienne (*Société Médicale des Hôpitaux*, 27 mars 1904). — **A propos de la méningite ourlienne** (*Société Médicale des Hôpitaux*, 29 juillet 1904 et 17 février 1905).

Confirmation des faits établis par R. Monod, puis MM. Chauffard et Boidin sur l'existence assez fréquente d'une réaction méningée de nature lymphocytaire, survenant au cours de l'infection ourlienne, et correspondant à des symptômes de méningite atténuée ou fruste.

Paralysie faciale ourlienne. Lymphocytose du liquide céphalo-rachidien (*Soc. Médicale des Hôpitaux*, 29 juillet 1904, et *Gazette des Hôpitaux*, 2 août 1904).

Observation d'un malade qui, après la disparition rapide d'oreillons biparotidiens, a présenté une parésie faciale inférieure gauche, accompagnée d'hémiparésie droite du voile du palais et de la langue, ainsi que de mydriase gauche. Lymphocytose abondante du liquide céphalo-rachidien, qui semble pouvoir expliquer la pathogénie des quelques cas connus de paralysie du facial et des nerfs craniens faisant suite aux oreillons. Elle révèle en effet l'existence d'une véritable méningite qui a envahi, dans le cas particulier, la gaine du nerf facial, du vago-spinal et de l'hypoglosse. La réaction méningée a déterminé, comme dans certains cas de méningite tuberculeuse ou syphilitique, des paralysies partielles et disséminées de plusieurs filets nerveux.

Méningite lymphocytique ourlienne avec atteinte du tri jumeau et zona d'une de ses branches (*Progrès Médical*, 29 février 1908).

Atteinte du trijumeau survenue sous l'influence de la méningite ourlienne. Symptômes différents dans le territoire de chaque branche : hyperesthésie dans le territoire de la branche ophtalmique, hypoesthésie dans celui du maxillaire supérieur; hyperesthésie et zona dans celui du maxillaire inférieur. Ces fait confirment le caractère partiel des paralysies des nerfs craniens survenant au cours du processus ourlien.

La méningite ourlienne (*Paris Médical*, 10 décembre 1910).

Les faits étudiés dans les communications précédentes, joints aux observations personnelles inédites ou publiées par divers auteurs, m'ont servi à dégager la symptomatologie complète de la méningite ourlienne.

Cette complication des oreillons est fréquente : 158 cas sur 1705 oreillons observés.

Le tableau clinique révèle rarement les réactions méningées au complet; il est plus souvent réduit au minimum.

Dans la forme la plus franche, vers le 6e ou 8e jour après la défervescence et la disparition du gonflement parotidien, la température s'élève, et l'on constate tous les signes d'une méningite avec raideur de la nuque, céphalée, vomissements, signe de Kernig positif, bradycardie. Cet état dure quelques jours, puis tout rentre habituellement dans la normale.

Le plus ordinairement, le syndrome est incomplet ; on note l'existence de la céphalée et des vomissements accompagnant la fièvre ; sensation de courbature généralisée, Kernig douteux ou absent : inégalité pupillaire souvent. Ces symptômes durent 2 à 3 jours, ou seulement 24 heures.

Enfin il est des cas où il ne se réduit qu'à quelques symptômes : inégalité pupillaire et bradycardie accompagnées d'un léger mouvement fébrile (Chauffard et Boidin); la lymphocytose céphalo-rachidienne montre nettement leur origine méningée.

Semblables atteintes sont assez fréquentes, mais en raison de leur allure silencieuse elle restent facilement méconnues.

Il est à remarquer que, sans qu'on puisse en expliquer la cause, ces phénomènes méningés surviennent le plus souvent en même temps que l'orchite ourlienne.

La méningite peut être anatomiquement démontrée, d'une part, par la lymphocytose rachidienne, d'autre part, à la faveur des rares autopsies pratiquées en pareil cas. Dans une observation, j'ai pu constater un œdème gélatineux au niveau de la base ; la pie-mère était légèrement injectée ; au niveau des sillons, les lymphatiques se dessinaient sous forme de traînées opalescentes.

A la suite de cette méningite ourlienne, on peut voir apparaître des paralysies diverses, dont les unes sont d'origine encéphalique, et les autres intéressent les nerfs craniens : la paralysie faciale, totale ou partielle, les atteintes du trijumeau, les paralysies disséminées de certains filets nerveux des paires craniennes peuvent être observées.

Cytologie du liquide parotidien au cours des oreillons
(avec M. Sicard) (*Société de Biologie*, 18 février 1905). —
Cytologie parotidienne des oreillons (avec M. Sicard)
(*Presse médicale*, 12 avril 1905).

Le liquide parotidien peut être facilement recueilli à l'aide
d'une sonde molle qui, introduite par le canal de Sténon, en
assure le cathétérisme.

A l'état normal, il ne présente à l'examen microscopique,
aucun élément anormal.

Au début des oreillons, on constate des cellules nombreuses
(polynucléaires surtout, lymphocytes et mononucléaires).

A la période d'état, les leucocytes diminuent; mais apparaissent des cellules glandulaires desquamées, en cupule ou
en urne, voisinant avec une pluie de cellules fusiformes, isolées ou accolées les unes aux autres, détachées de l'épithélium
de revêtement des canaux excréteurs.

A la période de déclin (8e, 10e ou 12e jour), les cellules se
raréfient; les lymphocytes et les mononucléaires sont les derniers à disparaître.

Ces constatations permettent d'établir un véritable *cytodiagnostic des oreillons*, capable de différencier la parotidite
ourlienne des affections qui peuvent la simuler (adénite phlegmoneuse de la région parotido-maxillaire), et de reconnaître
l'étiologie de certaines orchites ourliennes, précédées ou accompagnées d'une fluxion parotidienne légère, pouvant passer ina-
perçue.

Oreillons. — Article du volume « Étiologie et Prophylaxie
spéciales », *in Traité d'Hygiène* de Brouardel, Chantemesse et Mosny. Paris, 1909. J.-B. Baillière et fils, édit.

Contribution à l'étude anatomo-pathologique des oreillons (avec M. Repaci) (*Archives de Médecine expérimentale*, septembre 1909).

Examen histologique de la parotide et du testicule dans un cas d'oreillons avec orchite, terminé brusquement par une syncope ayant entraîné la mort.

Au niveau de la *parotide*, les altérations sont relativement minimes. On note surtout une inflammation conjonctive interstitielle, œdémateuse du tissu périglandulaire. Le tissu glandulaire proprement dit est peu atteint : léger œdème mais sans aucune altération dégénérative.

Les canaux excréteurs de gros calibre sont les seuls touchés par l'atteinte ourlienne : paroi épaisse, infiltrée de nombreux leucocytes. Parmi les cellules du revêtement épithélial, beaucoup sont nécrosées et desquamées ; elles tombent dans la lumière des canaux, isolément ou sous forme de lambeaux.

Au niveau du *testicule*, les lésions sont plus accusées.

Le tissu interstitiel est le siège d'une inflammation intense : œdème abondant dissociant les fibres conjonctives, interstices envahis par de nombreuses cellules migratrices ; lymphatiques très dilatés ; congestion vasculaire intense. La glande interstitielle est atteinte, à des degrés divers, de dégénérescence.

Les lésions des canalicules séminifères se résument dans la dégénérescence et la desquamation des nombreux éléments cellulaires constituant la barrière épithéliale (cellules de Sertoli, spermatogonies, spermatocytes, spermatides). Au degré ultime des altérations, le tube séminifère n'est plus constitué que par une multitude de polynucléaires et de débris cellulaires ; les spermatozoïdes ont disparu ; forte infiltration leucocytaire, tout l'ensemble prenant l'aspect d'une vive inflammation phlegmoneuse.

Altérations analogues constatées au niveau de l'épididyme.

Somme toute, le testicule et l'épididyme sont le siège de lésions infiniment plus intenses et plus graves que la parotide.

CHOLÉRA

Le choléra dans les Pouilles en 1910 (*Paris Médical,* 29 juillet 1911).

Epidémie grave ayant éclaté dans les provinces de Bari et de Foggia. Exposé des mesures prophylactiques mises en œuvre dans des conditions particulièrement difficiles en raison du manque absolu d'organisation sanitaire.

L'épidémie de choléra asiatique de l'asile Saint-Pierre à Marseille en 1911 (avec M. SALIMBENI) (*Société de pathologie exotique*, 8 mai 1912, et *Annales d'Hygiène publique*, juin 1912).

L'été 1911 a été marqué à Marseille par une épidémie de choléra asiatique qui a sévi à l'asile d'aliénés.

Histoire de l'épidémie. — Après une série de cas de diarrhée banale en apparence, un premier cas de choléra apparaît à l'asile d'Aliénés le 28 juin, suivi d'atteintes diarrhéiques peu nombreuses ; le 29 juillet, nouveau cas, 2 autres au début d'août, suivis de 19 autres en 24 heures ; accalmie transitoire, puis chaque jour 10 à 13 atteintes jusqu'au 12 août.

A cette époque, nous recevons une délégation spéciale pour éteindre ce foyer et l'empêcher de s'étendre à la population urbaine. A la suite des mesures énergiques prises, l'épidémie diminue brusquement : 2 à 4 cas par jour jusqu'au 24 août, puis réduction sous forme d'unités, séparées par intervalles de plusieurs jours.

Brusquement, les 16 et 17 septembre, 3 nouveaux cas avérés dans un bâtiment isolé, avec 10 cas légers décelés par le laboratoire avec 7 porteurs de germes.

En tout 107 atteintes (49 décès) sur 1200 personnes abritées par l'asile.

Causes de l'épidémie. — En raison de sa brusquerie, seule l'étiologie hydrique pouvait être en cause ; d'ailleurs l'étude de la statistique localiste montra que les cas étaient apparus exclusivement dans les bâtiments centraux alimentés par l'eau de l'Huveaune, les autres, indemnes, recevaient l'eau de distribution de la Durance. Le quartier central recevait son eau par l'intermédiaire d'un réservoir, communiquant par des infiltrations nombreuses avec les égoûts des pavillons d'aliénés. Enfin l'analyse bactériologique de l'eau de ce réservoir montra l'existence du vibrion cholérique.

Même constatation ultérieure dans l'eau de voirie, alimentant le pavillon atteint en septembre, alors que, dans les autres quartiers, l'eau était devenue potable.

Mesures prophylactiques. — L'asile Saint-Pierre était donc profondément infecté au moment où nous avons été chargés d'y éteindre le choléra ; les conditions hygiéniques étaient lamentables : pas de tout à l'égout ; en outre, avec des aliénés insouciants et inconscients, la tâche était particulièrement difficile.

Isolement des malades et des suspects, isolement global des quartiers atteints, et même de l'asile : désinfection des locaux, de la literie, des tinettes, etc.

Vis-à-vis de l'eau de boisson et de lavage, nous avons employé, pour la première fois, après l'essai tenté sur l'eau de la Vanne, la *javellisation* de l'eau du réservoir pollué ; un petit bassin supplémentaire fut construit, permettant le mélange de l'eau à stériliser avec l'hypochlorite contenu dans un vase de Mariotte et coulant goutte à goutte d'une façon continue.

Vingt quatre heures après cette stérilisation, l'eau ainsi traitée ne contenait plus de vibrions et la morbidité cholérique se réduisait considérablement. La poussée hydrique était donc terminée ; seule persista une série de quelques cas survenant par contact.

L'épisode du mois de septembre fut rapidement jugulé de la même manière. Toutefois, la javellisation de l'eau dans l'intérieur de l'asile n'étant pas possible dans ce cas, elle fut pratiquée au point d'arrivée de l'eau de la Durance dans la ville de Marseille.

Outre ces mesures, recherche bactériologique des porteurs de germes afin de les isoler ; 3ooo examens furent ainsi effectués à l'aide des laboratoires qu'on dut créer. Ces examens portèrent sur le personnel de la cuisine, le personnel infirmier, enfin sur les aliénés de toutes les divisions.

Ce n'est que grâce à cette prophylaxie complète que nous avons pu éteindre ce foyer, qui menaçait de prendre d'énormes proportions et de s'étendre à la ville même.

Diagnostic bactériologique du choléra (*Paris Médical*, 24 août 1912).

A propos de la recherche des vibrions dans les selles de cholériques (*Société de Pathologie exotique*, 8 mai 1912).

Indispensable à connaître pour dépister les atteintes avérées ou frustes, ces dernières surtout qui, sous forme de diarrhées d'aspect banal, passent inaperçues.

Emploi des diverses méthodes de laboratoire en usage courant : examen microscopique des selles, isolement du germe spécifique, enrichissement, utilisation du milieu de Dieudonné, recherche de l'agglutination, etc. Interprétation des résultats.

Prophylaxie du choléra dans les armées en campagne (*Paris Médical*, 24 juillet 1915).

La prévention du choléra par les vaccinations anticholériques (*Paris Médical*, 2 janvier 1915).

La zone des armées n'étant pas à l'abri d'une importation de choléra par le contact avec les armées ennemies, il faut prévoir des mesures de prophylaxie générale, et, au cas où il surviendrait, des mesures de prophylaxie spécifique.

Prophylaxie préventive générale. — Elle consiste dans l'hygiène rigoureuse des cantonnements, l'hygiène alimentaire, la lutte contre les mouches, la propreté individuelle. Exposé détaillé de toutes ces mesures qui doivent être prises en tout temps, sans attendre que le choléra soit déclaré, et qui sont capables en même temps de diminuer son extension s'il venait à éclore.

Prophylaxie préventive spécifique. — Elle est réalisée par la vaccination anticholérique.

Mesures à prendre dès l'éclosion d'un cas avéré ou suspect de choléra :

Dépister les premières atteintes ; surveiller tout particulièrement les prisonniers ; examen médical, clinique et bactériologique au besoin.

Isolement des malades et des suspects. Désinfection, etc.

Emploi large des laboratoires de bactériologie d'armée et des laboratoires cliniques pour opérer une surveillance technique constante.

PALUDISME

Les Névrites palustres (avec M. Sᴀᴄǫᴜᴇ́ᴘᴇ́ᴇ) (*Revue de médecine*, août 1900).

La polynévrite paludéenne est restée assez longtemps méconnue. Ce n'est que dans les dernières années précédant ce mémoire, qu'on la vit intervenir dans l'interprétation des phénomènes nerveux dus à la maladie. Encore dans le petit nombre des faits publiés y avait-il lieu d'émettre certains doutes sur la nature de ces névrites constatées chez plusieurs sujets entachés d'alcoolisme.

A l'occasion d'une observation personnelle, nous avons repris cette étude en éliminant les cas où l'éthylisme ou tout autre cause étiologique pouvaient être soupçonnés, ne retenant par conséquent que celles où l'étiologie palustre était indiscutable.

Symptomatologie. — Le tableau clinique varie suivant que les altérations prédominantes intéressent l'élément moteur ou l'élément sensitif des nerfs.

Parfois les troubles de la motricité ouvrent la scène ; ailleurs les désordres sensitifs sont les premiers en date ; quelquefois, les deux ordres de symptômes apparaissent simultanément.

TROUBLES DE SENSIBILITÉ. — Dans les formes à début lent, les troubles de sensibilité se manifestent par de la *paresthésie :* fourmillements, picotements, engourdissements douloureux, hyperesthésie cutanée. Puis surviennent les *anesthésies*, partielles ou généralisées. Enfin naissent des *douleurs*, qui revêtent le caractère lancinant, térébrant, voire même fulgurant ; elles suivent le plus souvent le trajet des troncs nerveux, et s'exaspèrent par la pression sur ces derniers.

TROUBLES MOTEURS. — Au début, simple sentiment de faiblesse ; fatigue à marcher ou à se tenir debout ; la parésie débute par les extrémités comme les troubles sensitifs.

A la période d'état, ces troubles s'accentuent, et la parésie fait place à la paralysie des membres, complète ou incomplète, totale ou partielle. Certains groupes de muscles sont atteints, leurs antagonistes restant intacts ; surviennent alors des déformations suivant les nerfs affectés (pied-bot varus équin, etc.).

TROUBLES TROPHIQUES. — L'atrophie musculaire survient après les troubles précédents. La diminution de la contractilité faradique est constante ; la réaction de dégénérescence est presque toujours accusée. On peut encore observer des glossy-skin, de l'œdème, des modifications du système pileux, etc.

Troubles vaso-moteurs : cyanose, en plaques ou généralisée, transpiration, refroidissement des extrémités, diminution objective de la température locale, etc.

Réflexes. — Les réflexes sont le plus souvent affaiblis, sinon abolis ; rarement ils sont exagérés.

En aucun cas, on ne constate de troubles sphinctériens.

Caractères et formes cliniques. — La névrite peut n'intéresser qu'un seul tronc nerveux, unilatéralement, ou bilatéralement. En d'autres cas, l'altération porte sur tous les nerfs d'un membre, et sur lui seul ; on a alors sur les yeux une monoplégie. Enfin, les membres supérieurs et inférieurs peuvent être intéressés à la fois, tous d'emblée, ou bien successivement. L'atteinte des extenseurs paraît fréquente.

Aucun caractère spécifique ne distingue la polynévrite palustre, en ce qui concerne les localisations sur les différents territoires nerveux ; la variabilité des nerfs intéressés serait peut-être, au contraire, un de ses traits, à l'inverse de ce qui se produit dans les névrites saturnines, alcooliques, sulfocarbonées, où, suivant la nature de la cause toxique, certains nerfs sont affectés de préférence à d'autres. La face est rarement intéressée.

La constance *des troubles trophiques vaso-moteurs* semble appartenir en propre à la névrite paludéenne, car s'ils sont connus dans les polynévrites de toute espèce, leur fréquence n'atteint certes pas la régularité qu'ils affectent quand le paludisme est en cause.

Les troubles nerveux surviennent à des époques variables au cours de l'infection malarique ; tantôt ils coïncident avec les périodes d'accès fébriles, tantôt ils y font suite.

Ils peuvent prendre naissance pendant la durée d'un accès pernicieux, et le malade, en sortant du coma, constate une paralysie d'un ou de plusieurs membres, avec de vives douleurs sur le trajet des troncs nerveux. Ou bien tout survient dans la convalescence d'un accès à forme comateuse, ou des formes banales intermittentes. Enfin, le début peut s'effectuer au cours du paludisme chronique à toutes ses périodes, même à la période de cachexie.

Leur mode d'apparition peut varier : chez certains sujets, le début est lent, et l'installation se fait graduellement. Chez d'autres, avec le même début, l'affection reste stationnaire un certain temps, puis s'améliore, pour s'aggraver ensuite.

Enfin, on connaît un mode de début *apoplectiforme* : Très brusquement, une paralysie survient : le malade fléchit sur ses membres inférieurs, et tombe.

Anatomie pathologique. — Les faits de névrite palustre suivis d'examen histologique des nerfs se réduisent à deux :

Dans l'observation d'Eichhorst, l'examen microscopique a décelé tous les caractères d'une névrite interstitielle suraiguë avec manchons leucocytaires périvasculaires, extravasats sanguins, dissociant le tissu conjonctif et le tissu nerveux. Il existait en outre une dégénérescence manifeste du tissu nerveux. Il semble bien que l'altération initiale ait porté sur la trame conjonctive vasculaire, la dégénération des fibres nerveuses n'étant que consécutive.

Dans notre observation personnelle, les altérations ne frappent que le tissu nerveux, et se traduisent par la dégénérescence wallérienne. A ce point de vue, il n'existe aucune différence avec les névrites parenchymateuses d'origines diverses.

Pathogénie. — Il est possible que les névrites palustres soient dues à l'imprégnation des filets nerveux par un produit toxique élaboré par l'hématozoaire ; mais son existence n'a pas été démontrée d'une façon nette. La forme apoplectique relève peut-être aussi, en partie du moins, de cette intoxication, mais elle est due avant tout aux phénomènes congestifs intéressant les nerfs périphériques, et analogue sans doute aux troubles de même nature (hémorragies, embolies parasitaires) observés dans le cerveau.

Traitement. — La quinine est inefficace ; la thérapeutique des névrites palustres est celle des affections similaires relevant de toute autre origine.

Etiologie et prophylaxie du paludisme (*Gazette des Hô-pitaux*, août 1901).

Revue des connaissances nouvellement acquises sur le rôle du moustique et la prophylaxie antipaludique.

Paludisme. — Article de la Pratique Médico-chirurgicale de Brissaud, Pinard et Reclus.

FIÈVRE BILIEUSE HÉMOGLOBINURIQUE

Pouvoir anti-hémolysant in vitro du chlorure de calcium et des chlorures de quelques métaux appartenant à la même famille (avec M. H. Vincent) (*Soc. de Biologie*, 16 décembre 1905).

M. H. Vincent avait démontré le rôle important de l'antipyrine et de la quinine dans l'étiologie de l'hémoglobinurie chez les paludéens. Le chlorure de calcium, de même aussi les chlorures de baryum et de magnésium, qui possèdent une action antihémolytique très énergique vis-à-vis d'un mélange hémolysant composé de sérum antihumain inactivé, d'alexine de cobaye normal et de globules sanguins, sont doués du même pouvoir vis-à-vis de l'action hémolysante de la quinine et de l'antipyrine.

Sur la résistance globulaire dans la fièvre bilieuse hémo-globinurique (avec M. H. Vincent) (*Société de Biologie*, 17 février 1906).

Chez un ancien paludéen qui présentait une crise d'hémolyse dès qu'il absorbait de la quinine, nous avons recherché la résistance globulaire à l'état normal, pendant une crise, et 9 jours après la guérison de cette dernière.

A l'état normal, les globules de ce sujet ont manifesté une résistance plus faible que ceux d'un sujet sain (0,44 de NaCl). Une heure après l'absorption de quinine, elle s'était abaissée à o,46. Mais 4 heures après la fin de la crise, elle s'était relevée à o,41 ; 9 jours après la crise, elle était redevenue normale.

De plus, la quinine avait un pouvoir hémolysant plus grand sur les hématies de ce sujet que sur celles d'un sujet sain. L'absorption de quinine est donc une cause capitale d'hémoglobinurie chez certains paludéens.

Nouvelles recherches sur la pathogénie de la fièvre bilieuse hémoglobinurique (avec M. H. Vincent) (*Société de Biologie*, 17 février 1906).

La cause de la fragilité des globules rouges en présence de la quinine a été recherchée.

L'expérience montre qu'il n'y a pas dans cette catégorie de malades, insuffisance d'antisensibilisatrice. De plus on ne peut incriminer l'excès de cytase ni l'insuffisance d'anticytase ; les expériences effectuées en ce sens le prouvent.

La pathogénie de la fièvre bilieuse hémoglobinurique diffère entièrement de celle qui a été invoquée pour l'hémoglobinurie paroxystique par MM. Widal et Rostaine ; d'ailleurs, l'épreuve de Landsteiner s'est montrée également négative. L'insuffisance des autres substances protectrices du sérum n'est pas davantage en cause.

Il semble que l'hémolyse, due à la quinine, soit préparée par l'hématozoaire de Laveran, puis déterminée par une *déminéralisation des globules sanguins*. En effet, la résistance de ces derniers aux solutions hypertoniques est diminuée ; de plus les injections de sérum artificiel possèdent chez les paludéens prédisposés à l'hémoglobinurie un pouvoir préventif réel ; enfin les hématies du sujet, minéralisées par du $CaCl^2$ (1 goutte de la solution à 10 p. 10 dans 3 cc. d'émulsion globulaire), ont témoigné d'une résistance à peu près semblable à celle des globules rouges d'un sujet sain.

DYSENTERIE

Dysenterie bacillaire.

Etiologie.

Etiologie de la dysenterie épidémique (avec M. Vaillard) (*Académie de médecine*, 12 mai 1903); ***Contribution à l'étude de la dysenterie épidémique*** (avec M. Vaillard) (*Annales de l'Institut Pasteur*, 25 juillet 1913).

L'étiologie de la dysenterie était depuis de longues années fort discutée. Cependant Councilman et Lafleur avaient attribué une première forme à une amibe; une seconde paraissant différente de la précédente, se montrant plus particulièrement dans les pays tempérés, et causée par une bactérie. Toutefois après les travaux de Chantemesse et Widal qui avaient décrit un bacille particulier, et de Shiga qui en avait prouvé la spécificité sur des preuves indiscutables, certains auteurs attribuèrent le même pouvoir à des germes totalement différents.

De cette diversité des résultats, on était en droit de conclure que l'étiologie de la dysenterie épidémique pouvait varier suivant les régions. Les recherches que nous avons poursuivies à l'occasion d'une épidémie observée à Vincennes, en 1902, ont prouvé qu'il n'en était rien.

Description du bacille de l'épidémie de Vincennes. — Le bacille est identique à celui que Shiga, Kruse, Flexner, Strong, etc., avaient rencontré et décrit. Après avoir indiqué le procédé employé pour son isolement des matières fécales, nous décrivons sa morphologie, ses caractères de culture dans les milieux usuels.

Des recherches d'agglutination effectuées avec le sérum des malades ou convalescents confirmèrent la valeur des agglutinines spécifiques mises en évidence par Shiga, argument important pour faire admettre la spécificité de ce germe. Les résultats obtenus à cet égard sont les suivants :

1° La culture de chacun des germes isolés à Vincennes a été agglutinée par le sérum du malade ayant fourni le bacille, par le sérum des autres dysentériques de cette même épidémie, et aussi celui de dysentériques observés au même moment en d'autres régions de France.

D'où il a pu être conclu : *a*) que les épidémies écloses en plusieurs régions de France étaient dues à l'intervention du même germe ; *b*) que la séro-réaction pouvait être appliquée pour le séro-diagnostic de cette forme de dysenterie.

2° L'agglutinine apparaît dans les atteintes graves et moyennes (mais peut faire défaut dans les formes légères) entre le 7e et le 12e jour.

3° Le sérum des dysentériques n'agglutine jamais le bacille typhique, ni de nombreux spécimens de colibacille.

4° Agglutination nulle avec le sérum de malades atteints de diarrhée de Cochinchine ou de dysenterie amibienne.

Dysenterie expérimentale. — Ces arguments avaient déjà une grande valeur pour faire admettre la spécificité pathogène de ce bacille ; mais la preuve décisive de cette dernière ne pouvait être fournie que par la réalisation expérimentale de l'affection.

Nous avons pu, à l'aide de cultures pures, provoquer la dysenterie expérimentale chez diverses espèces animales, et tout particulièrement chez le lapin, le chien et le porcelet ; parmi tous les modes d'infection, c'est l'injection sous-cutanée qui a donné les lésions les plus probantes.

Après cette injection, il se produit au point d'inoculation un œdème assez volumineux, puis de la diarrhée, et de la paralysie du train postérieur. Mort en 3 ou 4 jours en hypothermie.

L'autopsie montre au niveau du gros intestin un œdème pâle gélatineux, avec un épaississement considérable de la muqueuse, auquel se surajoutent souvent des suffusions hémorragiques. Parfois, sur les replis de la membrane se détachent de petits foyers de nécrose superficielle et des ulcérations punctiformes à fond hémorragique.

Chez le chien, on obtient l'image réelle de la dysenterie clinique avec épreintes et selles mucoso-sanglantes. Les lésions nécropsiques sont celles de la dysenterie humaine avec tuméfaction œdémateuse de la muqueuse, suffusions sanguines et des ulcérations peu profondes, à bords irréguliers taillés à pic, résultant de l'élimination des points sphacélés. Ce sont les lésions de la dysenterie épidémique.

Ces altérations histologiques sont rigoureusement superposables à celles de la dysenterie humaine.

Action des cultures tuées. — Les cultures tuées à la température de 58°, pendant une heure restent nocives quand elles sont inoculées à l'animal, dans les veines, et même sous la peau. Par cette dernière voie notamment, elles amènent la mort après avoir provoqué les symptômes et les lésions typiques de la dysenterie expérimentale.

Ces résultats, semblables à ceux que donne le bacille vivant, nous ont conduits à penser que la nocuité des cultures mortes devait avoir pour cause une substance toxique retenue à l'intérieur des cellules microbiennes et libérée dans l'organisme.

Toxine dysentérique. — Le bacille dysentérique ne secrète pas de toxine soluble. Par contre, on peut, par macération de corps microbiens tués, soit par la chaleur, soit par l'action du chloroforme, extraire une substance toxique produisant les mêmes effets que l'inoculation des bacilles eux-mêmes.

La toxicité de cet extrait est variable suivant la dose : 1/2 cc. injecté dans la veine auriculaire d'un lapin de 2 kilogr. le tue en 18 ou 24 heures.

L'inoculation sous-cutanée (1,5 à 2 cc) reproduit trait pour trait les symptômes et les lésions de la dysenterie expérimentale. Les altérations histologiques de l'intestin sont exactement semblables à celles qui s'observent après l'inoculation de cultures vivantes. La toxine manifeste donc une affinité élective remarquable pour la muqueuse intestinale, surtout celle du gros intestin, et il est permis de penser que la dysenterie est une maladie d'intoxication à siége intestinal, au même titre que le choléra.

Ces résultats expérimentaux ont été obtenus indifféremment avec les divers échantillons d'origine différente des bacilles dysentériques soumis à cette étude.

Sensibilisatrice spécifique dans le sérum des animaux vaccinés contre le bacille dysenterique (Société de Biologie, 11 mars 1905). — *Sensibilisatrice spécifique dans le sérum des malades atteints de dysenterie bacillaire* (Société de Biologie, 18 mars 1905). — *Sensibilisatrice spécifique dysentérique dans le sérum des animaux vaccinés et des malades* (Annales de l'Institut Pasteur, décembre 1905).

Série de travaux ayant pour but de chercher :

1° S'il existe une sensibilisatrice spécifique dans le sérum des animaux vaccinés contre le bacille dysentérique.

2° Si elle existe, comment se comporte-t-elle vis-à-vis des divers échantillons de bacille dysentérique.

Recherches sur le sérum des animaux vaccinés. — Résultats :

1° Dans le sérum d'un animal vacciné contre un bacille dysentérique donné, il existe une sensibilisatrice spécifique, non seulement pour ce germe, mais pour tous ceux qui, de provenance différente, rentrent dans le même type.

2° Un Shiga-sérum possède une sensibilisatrice non seulement pour les bacilles du type Shiga, mais aussi pour les bacilles du type Flexner. La proposition inverse est vraie.

Recherches sur le sérum des malades. — Résultats :

Il existe dans le sérum de la plupart des malades atteints

de dysenterie bacillaire une sensibilisatrice spécifique vis-à-vis des divers types connus de bacille dysentérique, quel que soit le type du germe infectant.

Ces résultats sont en concordance étroite avec ceux que la même étude a fournis avec les sérums d'animaux vaccinés.

Cette sensibilisatrice se révèle dans les cas graves et moyens; elle est plus rare dans les cas légers, sauf s'ils se prolongent. Elle apparaît vers le 6ᵉ au 7ᵉ jour de la maladie, atteint son maximum à la période d'état et persiste habituellement pendant la convalescence. Elle est absente dans le sérum des malades atteints d'affections étrangères à la dysenterie bacillaire et notamment de dysenterie amibienne.

Le fait qu'un même sérum impressionne les divers types de bacilles dysentériques connus entraîne à conclure, que, malgré les différences qui les séparent (agglutination, fermentations sucrées, etc.) ces germes ne sont pas spécifiquement dissemblables.

Notes étiologiques sur l'épidémie de la garnison de Paris en 1904 (avec M. Sicre) (*Gazette des Hôpitaux*, 6 juin 1905).

En 1904, la garnison de Paris a été le siège d'une assez forte épidémie de dysenterie bacillaire. Etudiée dans ses détails cliniques et bactériologiques, cette épidémie, en apparence globale, s'est trouvée en réalité constituée par plusieurs épidémies restées indépendantes les unes des autres ; cette indépendance a été non seulement épidémiologique, mais aussi étiologique, chacune d'elles ayant été provoquée par une variété spéciale de bacille dysentérique, suivant le foyer envisagé.

La diarrhée, forme larvée de la dysenterie bacillaire (*Gazette des Hôpitaux*, 11 juillet 1905).

La preuve bactériologique de la nature dysentérique de certaines diarrhées évoluant sous le mode épidémique ou même sporadique, fut apportée par plusieurs auteurs qui décelèren dans le sérum des malades la présence d'agglutinines spécifiques.

Ce travail eut pour but d'apporter une démonstration définitive de leur nature spécifique : le bacille dysentérique put être décelé dans les matières diarrhéiques de deux malades.

Ces faits sont de nature à dicter de plus en plus des mesures prophylactiques contre ces formes larvées de dysenterie bacillaire, mais pour qu'elles soient prises sur des bases sûres, il convient de faire le diagnostic exact de ces affections bénignes, dont le pouvoir contagieux est manifeste : isolement du bacille dysentérique et recherche de la séro-réaction.

La dysenterie bacillaire ; bactériologie : discussion sur l'unité spécifique (*Bulletin de l'Institut Pasteur*, n°s 1 et 2, janvier 1906).

Les recherches pratiquées dans tous les pays arrivèrent à faire observer chez certains échantillons de bacilles dysentériques certaines particularités biologiques (agglutination, fermentations sucrées), qui contribuèrent à différencier les bacilles dysentériques en plusieurs types, et à démembrer la dysenterie bacillaire. On décrivit alors des dysenteries à bacilles de Shiga, de Flexner, de Hiss, de Strong, répondant à des formes cliniques différentes ; on distingua d'une façon générale les dysenteries bacillaires en :

1° Une dysenterie bacillaire vraie (bacille de Shiga), affection grave, à caractère extensif et épidémique.

2° Des pseudo-dysenteries, provoquées par les autres types, sévissant à l'état sporadique et sans gravité.

Cette distinction paraissait exagérée. J'ai fourni des arguments d'ordre biologique, clinique, épidémiologique, pour combattre cette conception. Les résultats des expériences citées plus haut sur les propriétés de la sensibilisatrice spécifique dysentérique m'engagèrent notamment à conclure que, malgré les caractères biologiques des bacilles déjà décrits, ces derniers pouvaient être considérés comme des types différents d'une seule et même race pathogène, et qu'il n'y avait pas lieu de démembrer la dysenterie bacillaire.

Epidémie de dysenterie bacillaire chez des singes macaques (avec M. Ravaut) (*Soc. de Pathologie exotique*, 18 janvier 1909).

Epidémie de dysenterie bacillaire provoquée par un bacille du type Flexner, et observée dans un laboratoire chez plusieurs singes. Lésions identiques à celles qu'on observe chez l'homme.

Dysenterie bacillaire expérimentale par ingestion (avec M. Repaci) (*Société de Biologie*, 15 janvier 1910).

Contrairement aux essais négatifs observés jusqu'alors, il est possible de provoquer expérimentalement la dysenterie bacillaire chez le très jeune lapin par ingestion de cultures très abondantes de bacilles de Shiga. Lésions superposables à celles que provoque la dysenterie expérimentale obtenue par injection sous-cutanée.

Injecté à titre préventif, le sérum protège l'animal.

La dysenterie bacillaire dans les armées en campagne (*Paris Médical*, 24 avril 1915).

Travail de vulgarisation ayant pour but de faire connaître le danger de la dysenterie pendant les guerres et les caractères spéciaux qu'elle prend en campagne.

Anatomie pathologique.

Effets expérimentaux de la toxine dysentérique sur le système nerveux central (Société de Biologie, 4 mars 1905). — Effets expérimentaux de la toxine dysentérique sur le système nerveux (Annales de l'Institut Pasteur, juin 1905).

Au cours de la dysenterie expérimentale, on observe fréquemment chez le lapin des paralysies.

Le système nerveux central et périphérique de 16 lapins ayant présenté ces phénomènes paralytiques a été examiné au point de vue histologique.

Parfois, il ne s'agit que de lésions diffuses, décelables surtout à la région lombaire, n'intéressant que l'axe gris, et presque exclusivement les cornes antérieures : état chromophilique des éléments cellulaires et chromatolyse à des degrés divers.

En d'autres circonstances, on observe au niveau de l'axe gris de véritables foyers de ramollissement se développant dans les cornes antérieures. Le microscope montre à leur niveau la destruction progressive des cellules nerveuses ; les fibres myéliniques sont brusquement interrompues ; les noyaux névrogliques ont presque totalement disparu. Les vaisseaux sont dilatés et congestionnés ; on observe des hémorragies interstitielles.

Les mêmes paralysies, observées à la suite de l'injection de toxine, sont produites par des altérations rigoureusement identiques.

La toxine dysentérique doit donc être seule rendue responsable des troubles développés au niveau du système nerveux central.

L'intégrité absolue du système nerveux périphérique contraste avec les lésions ci-dessus décrites.

Mais, dans les conditions de la dysenterie expérimentale, la mort de l'animal est trop rapide (3 à 5 jours), pour que des altérations des nerfs périphériques puissent se produire. La toxine dysentérique est cependant capable d'en provoquer, témoin les expériences suivantes :

A des cobayes on injecte autour du sciatique quelques gouttes de toxine dysentérique. Vers le 8e ou 10e jour après l'injection l'animal présente des phénomènes sensitifs, puis quelques troubles moteurs. Vers le 15e jour, l'animal est sacrifié : sur un certain nombre de fibres nerveuses, on perçoit des lésions de nécrose segmentaire périaxile et de dégénérescence wallérienne à son début.

La névrite dysentérique est donc possible. D'ailleurs, si en clinique humaine on peut observer des lésions médullaires comme dans la dysenterie expérimentale, on constate parfois aussi des névrites périphériques.

Anatomie pathologique de la dysenterie bacillaire
(Archives de médecine expérimentale, mai 1907).

La dysenterie bacillaire se présente, au point de vue anatomo-pathologique, suivant un type bien défini, qui la différencie nettement de la dysenterie amibienne.

Altérations du gros intestin. — A son degré le plus léger, on constate les lésions suivantes : l'intestin est œdémateux, congestionné, épaissi. Son contenu est mucoso-sanglant. La muqueuse, boursouflée et hyperémiée, est le siège de plaques de teinte rouge sombre sur lesquelles se détache un pointillé hémorragique abondant.

A un degré plus avancé, le processus phlegmasique précédent s'accuse. La muqueuse devient rouge vif : des follicules clos hypertrophiés soulèvent la muqueuse, et figurent comme des furoncles. La boursouflure augmente ; des plaques écailleuses qui s'effritent facilement prennent naissance.

Bientôt à leur niveau des ulcérations se forment. Ce sont des ulcérations à *fond plat*, recouvert d'un enduit sanieux et grisâtre ; le bord ne surplombe pas et n'est *jamais décollé*. Leur abondance et leurs dimensions varient suivant les cas. Tantôt elles donnent à l'intestin l'aspect d'une écumoire, ou bien elles sont plus larges, confluentes, donnant à la surface intestinale l'aspect d'un jeu de patience. Dans l'intervalle des ulcérations, la surface intestinale est tomenteuse, tuméfiée et congestionnée.

Les lésions microscopiques peuvent être rapportées à plusieurs stades :

1° Stade d'*inflammation catarrhale*. — 2° Stade *préulcératif*. — 3° Stade *ulcératif*.

1° STADE D'INFLAMMATION CATARRHALE. — Les *lésions de la muqueuse* sont minimes : congestion, œdème, hypersécrétion et hypertrophie glandulaire ; développement intense des capillaires. — Altérations du même ordre dans la *sous-muqueuse* : congestion vasculaire et œdème très marqués : grande abondance de cellules migratrices orientées suivant le système vasculaire. — Légère infiltration des tuniques musculaires et péritonéales. Hypertrophie des follicules clos.

2° STADE PRÉULCÉRATIF. — Les cellules glandulaires deviennent cubiques ou polygonales ; leur protoplasma est sombre, granuleux ; le noyau se résout en poussière chromatique.

Le tissu conjonctif participe à ce processus nécrotique général ; les cellules migratrices qui infiltrent ses mailles sont, elles aussi, frappées de mort ; elles sont comprises dans un réseau de fibrilles hypercolorées ; la nécrose de coagulation qui se produit n'épargne pas les vaisseaux dont la paroi devient vitreuse, friable et se rompt facilement pour entraîner des hémorragies interstitielles.

En d'autres points, les lésions se montrent à un degré plus marqué. La surface de la muqueuse, réduite à l'état de dentelle, est abrasée. Au-dessous, on note un afflux leucocytaire énorme ; mais ces leucocytes dégénèrent et constituent ainsi une véritable nappe pyoïde qui envahit le tissu interstitiel et les cavités glandulaires elles-mêmes. Dès lors, les glandes, en partie détruites, se confondent avec tout ce tissu infiltré, devenu un magma informe en voie de nécrobiose progressive.

Puis la barrière pyoïde commence à se désagréger à partir de la surface. La muqueuse n'est bientôt plus représentée que par un tissu amorphe effiloché à sa surface ; la nécrose est totale.

La *sous-muqueuse* présente un épaississement considérable, dû à l'œdème de la zone de Dollinger ; la congestion inflammatoire est énorme, les vaisseaux sont dilatés à l'excès, à tel point qu'elle paraît parfois envahie par un vaste angiôme.

Les vaisseaux parfois thrombosés sont entourés d'un épais manchon de leucocytes, d'où partent des fusées leucocytaires en telle abondance qu'il se forme des nappes denses de globules blancs figurant une véritable infiltration purulente.

Les follicules clos compris dans cette masse sont hypertrophiés et envahis par de nombreux capillaires très dilatés.

Les lymphatiques sont de longs et larges boyaux, de calibre irrégulier, bordés par des cellules endothéliales gonflées, tuméfiées, obturant la lumière du canal.

Les *couches musculaires* et le *péritoine* participent au processus de voisinage, et présentent de la congestion, un léger œdème et une infiltration cellulaire habituellement discrète.

3° STADE ULCÉRATIF. — Dans la phase précédente, le tissu amorphe nécrosé qui représente la muqueuse se fendille, des fragments se détachent, ou bien c'est un véritable lambeau qui s'élimine en bloc ; une perte de substance se forme donc : l'ulcération est constituée.

La perte de substance est large et superficielle ; les bords et le fond présentent les particularités suivantes :

Les bords sont taillés à pic ou obliquement. Ils sont constitués par la muqueuse totalement nécrosée ou en voie de nécrose ; ils ne sont jamais décollés et ne surplombent pas.

Le fond est superficiel, plat, et nettement à ciel ouvert ; il est constitué par les parties profondes de la muqueuse ou les couches superficielles de la celluleuse. A la surface, le tissu inflammatoire nécrosé est un feutrage serré de cellules pyoïdes comprises dans les mailles d'un fin réticulum. De ce tissu nécrosé se détachent de temps à autre des fragments ; ceux-ci, en s'éliminant, contribuent à étendre le processus ulcératif.

De gros vaisseaux font saillie à la surface, et leur paroi vitreuse, en se rompant, donne lieu à des hémorragies profuses.

Quand l'ulcère progresse, il s'étend en largeur, par suite de la désintégration graduelle de ses bords nécrosés. Deux ou plusieurs ulcérations voisines peuvent ainsi se fusionner en une seule.

En d'autre cas, infiniment plus rares, où l'évolution a été lente, l'extension de l'ulcération s'effectue simultanément en profondeur. La perte de substance envahit la sous-muqueuse, les couches musculaires, voire même le péritoine qui se rompt pour donner lieu à une perforation.

Dans la *dysenterie bacillaire chronique*, les lésions sont analogues à celles de la dysenterie bacillaire aiguë. Mais, au niveau de la muqueuse, ce qui domine, c'est le développement du tissu interstitiel ; il est formé d'une trame conjonctive assez dense, envahie par une assez grande abondance de leucocytes et de cellules jeunes, fusiformes. Au milieu de ce tissu en voie d'organisation ou complètement organisé, la coupe montre des capillaires très nombreux. Il s'agit en un mot de véritables *bourgeons charnus*. Ils semblent s'épanouir particulièrement à la surface de la muqueuse où ils acquièrent leur plus grand degré de développement.

La sous-muqueuse est également envahie par le tissu conjonctif, dont les fibres sont serrées les unes contre les autres, formant des trousseaux fibreux en évolution ; ces derniers peuvent être tels que des rétrécissements du gros intestin peuvent survenir.

Les réactions inflammatoires sont à peine accusées ; pas d'œdème ; la congestion est peu marquée, l'infiltration leucocytaire ne se montre que par places.

Ces constatations montrent que l'action de l'agent pathogène n'a pas été sidérante comme dans les formes aiguës ; elle a été lente, tardive, laissant aux tissus le temps de se défendre par la formation de bourgeons charnus et de tissu de sclérose.

Lésions de l'intestin grêle. — L'intestin grêle est habituellement sain dans sa portion duodéno-jéjunale. L'iléon, par contre, est fréquemment le siège d'une entérite catarrhale.

Dans ses dernières portions entre 5 et 3o centimètres au-dessus de la valvule iléo-cæcale, des pertes de substance peuvent se produire, siégeant dans l'intervalle des plaques de Peyer. Habituellement peu accusé, ce processus ulcéreux paraît déjà comparable à celui qui occupe le gros intestin ; l'histologie confirme encore ces données.

Lésions de l'estomac. — L'estomac garde le plus ordinairement son aspect normal. En certains cas cependant un pointillé hémorragique, voire même des ecchymoses, sont perceptibles ; enfin, parfois, se développent de petites plaques grisâtres de nécrose, suivies de véritables ulcérations analogues à celles du gros intestin et de l'iléon.

Lésions des autres viscères. — Les autres viscères sont atteints de lésions banales, sans caractère spécifique, superposables à celles qu'on observe au cours de tout processus infectieux.

Ces altérations de la dysenterie bacillaire sont à opposer à celles de la dysenterie amibienne (p. 49).

Sérothérapie antidysentérique.

Précipitines dans le sérum d'animaux vaccinés contre le bacille dysentérique (*Société de Biologie*, 1ᵉʳ juillet 1905). — *Sérum antidysentérique* (avec M. Vaillard) (*Académie de médecine*, 20 février 1906). — *Essais de sérothérapie antidysentérique* (avec M. Vaillard) (*Congrès de Lisbonne*, avril 1906). — *Le sérum antidysentérique* (avec M. Vaillard) (*Annales de l'Institut Pasteur*, 25 mai 1906). — *Les effets curatifs du sérum antidysentérique* (*Annales des maladies de l'appareil digestif et de la nutrition*, février 1907). — *La sérothérapie antidysentérique* (avec M. Vaillard) (*Annales de l'Institut Pasteur*, avril 1907). — *La dysenterie bacillaire. Son traitement par la sérothérapie* (avec M. Vaillard) (*Presse médicale*, 5 juin 1907). — *Action antiendotoxique du sérum antidysentérique préparé par inoculation intraveineuse de cultures vivantes seules* (*Société de Biologie*, 4 juillet 1908). — *Sérothérapie antidysentérique* (avec M. Vaillard) (*Bibliothèque de Thérapeutique* de Gilbert et Carnot, Médicaments microbiens. Paris, 1907 et 1912. J.-B. Baillière et fils, édit.).

Préparation du sérum. — Au début de nos recherches, les inoculations destinées à immuniser les chevaux producteurs de sérum avaient été pratiquées alternativement à l'aide de cultures vivantes, puis de toxine dysentérique, sous la peau d'abord, puis dans les veines. L'expérience ayant montré ultérieurement que le sérum obtenu à la suite d'injections de cultures vivantes seules était aussi antitoxique que le sérum obtenu à l'aide de toxines, il n'a plus été employé que des cultures vivantes.

Propriétés du sérum. — Le sérum devient rapidement agglutinant, précipitant, sensibilisateur, antitoxique et antimicrobien.

L'expérimentation montre en outre qu'il présente chez l'animal, et vis-à-vis de l'infection dysentérique, des effets préventifs et curatifs.

Effets préventifs. — Des lapins reçoivent sous la peau 1/2 ou 1/4 de centimètre cube de sérum antidysentérique. En même temps, ou plusieurs heures, ou même 2 jours après, on leur inocule, dans un point différent, une dose de culture sûrement mortelle en 4 jours. *Tous ces animaux résistent,* tandis que les témoins succombent du 3ᵉ au 4ᵉ jour.

Résultats identiques avec la toxine, mais la dose de sérum doit être augmentée (1 cc.).

Effets curatifs. — Intervenant 24 heures après l'injection par une dose sûrement mortelle en 4 jours, le sérum assure la guérison à la dose de 1 à 2 centimètres cubes : tous les témoins meurent.

Si l'application du sérum est retardée jusqu'à la 48ᵉ heure qui suit l'injection, la survie devient très aléatoire ; certains animaux guérissent, mais la plupart succombent. On augmente la proportion des guérisons, en injectant le sérum dans les veines.

Application au traitement de la dysenterie bacillaire humaine. — Les nombreuses observations que nous avons recueillies depuis 1904 permettent d'affirmer la haute efficacité du sérum antidysentérique dans le traitement de la dysenterie bacillaire.

On peut se rendre un compte exact de la valeur de la méthode par la diminution de la mortalité, puis, dans chaque cas particulier, par les phénomènes qui suivent les injections.

Diminution de la mortalité. — En faisant le relevé des atteintes extrêmement graves présentant des symptômes tels que les malades pouvaient être considérés comme voués à une mort certaine, on trouve dans notre 1ʳᵉ statistique qu'en l'espace de trois ans, la sérothérapie antidysentérique a fait diminuer la mortalité *de plus des trois quarts.*

Atténuation des symptômes. — Dans les formes moyennes, quelques heures après l'injection du sérum, les malades éprouvent une réelle sensation d'euphorie; les divers symptômes douloureux s'amendent pour cesser au bout de 24 à 48 heures. En nombre de cas où, depuis le début du mal, les patients sont torturés jour et nuit par des besoins incessants et des coliques violentes, l'injection de sérum amène bientôt un calme réparateur et le sommeil devint possible; aussi a-t-on pu dire que le sérum antidysentérique agissait comme le meilleur des hypnotiques.

L'atténuation des phénomènes douloureux est bientôt suivie de modifications notables dans *l'aspect et la fréquence des matières alvines.*

Les déjections perdent bientôt leur caractère sanglant; elles deviennent simplement muqueuses, pour prendre rapidement l'aspect fécaloïde. De plus, leur nombre diminue brusquement pour s'abaisser bientôt à quelques unités et se réduire enfin à une évacuation quotidienne.

L'état général et les symptômes toxémiques sont aussi favorablement influencés.

Cette amélioration, qui se produit si rapidement dans les cas traités tout au début, est plus lente à survenir chez les malades dont la dysenterie remonte à une date plus éloignée. Néanmoins, dans ces cas, la détente ne s'en produit pas moins, et les malades tardent rarement à éprouver le bénéfice de ce médicament spécifique.

Dans les formes extrêmement graves, comportant un pronostic fatal, les effets curatifs du sérum ne sont pas moins saisissants; mais, l'organisme étant profondément infecté et intoxiqué, on ne saurait s'attendre à une détente aussi brusque que dans les cas précédents.

Diminution de la durée de la maladie. — La brusquerie de cette détente amène fatalement une réduction notable dans la durée de la maladie.

Dans les formes moyennes, la guérison complète survient habituellement en deux à trois jours, en trois à quatre jours pour les cas plus sévères, en quatre à six jours, rarement plus, pour les cas graves. De plus, la convalescence est infiniment plus réduite que pour la dysenterie traitée par les moyens ordinaires.

Cette réduction si notable de la maladie se perçoit plus aisément quand on compare les cas soumis au sérum et les cas « témoins » de forme superposable aux précédents, mais n'ayant bénéficié que des méthodes ordinaires. Cette comparaison peut s'observer encore chez certains dysentériques soumis sans grand résultat au traitement ordinaire depuis six, huit, dix, quinze et même trente jours. Le contraste est frappant.

Mode d'emploi du sérum antidysentérique. — Les injections de sérum antidysentérique se font sous la peau, et de préférence sous la peau du flanc ou de la cuisse.

Tout, dans la réussite de la sérothérapie antidysentérique, dépend de l'appréciation de la dose à injecter. C'est là le point essentiel. Elle doit varier d'après le moment de l'intervention, la gravité de la maladie et l'âge des sujets.

Quelle sont les bases d'appréciation de la gravité d'une dysenterie bacillaire ?

La fréquence des selles est souvent en rapport avec la diffusion des lésions intestinales.

De même aussi, l'acuité, la répétition des coliques se proportionnent habituellement à la gravité des altérations anatomiques : la nature séro-sanglante des matières peut faire supposer encore l'existence d'une inflammation très vive des parois de l'intestin.

Mais ces bases d'appréciation n'ont rien d'absolu.

Pour juger de la gravité d'une dysenterie, on s'appuiera donc non pas sur un seul symptôme, mais sur tous les éléments qui viennent d'être envisagés, principalement sur l'absence ou l'existence de phénomènes toxémiques.

Adultes. — Dans les dysenteries d'*intensité moyenne*, prises au début, 20 cc. de sérum suffisent habituellement pour assurer la sédation immédiate de tous les symptômes et la guérison rapide. Si, après vingt-quatre heures écoulées, les coliques persistent avec leur intensité première et si les selles, bien que très diminuées, restent encore fréquentes, il est indiqué de renouveler l'injection le lendemain. Quelquefois même, dans les *formes sévères* ou datant de plusieurs jours, une troisième injection en moindre quantité deviendra utile pour précipiter la guérison.

Dans les dysenteries *graves*, il faut injecter d'emblée 40 à 60 cc. et réitérer cette dose le lendemain. Si les troubles intestinaux ne sont pas alors suffisamment apaisés, l'emploi du sérum doit être poursuivi à doses décroissantes jusqu'à ce que le nombre des selles s'abaisse à quelques unités. Le médecin devra se guider sur la nature et la fréquence des évacuations quotidiennes : aussi longtemps que celles-ci restent glaireuses et multiples au cours des vingt-quatre heures, on ne peut considérer la maladie comme terminée.

Dans les formes les *plus graves*, surtout quand l'intervention est tardive, il est nécessaire de recourir d'emblée à des doses massives, 80, 90 et même 100 cc. répartis en deux injections au cours de la journée, jusqu'à ce que les troubles intestinaux s'amendent.

Comme précédemment, le sérum sera ensuite continué à doses décroissantes.

Enfants. — Pour les enfants, les doses indiquées ci-dessus seront réduites de moitié.

Telles sont les règles concernant la sérothérapie antidysentérique ; il convient de s'y conformer scrupuleusement.

Enfin le sérum antidysentérique n'est efficace que contre la dysenterie bacillaire. La dysenterie à type Shiga est plus favorablement influencée par lui que la dysenterie à type Flexner ou Hiss.

Mesure de l'activité du sérum antidysentérique. — On peut mesurer l'activité du sérum antidysentérique par l'appréciation de ses propriétés préventives ou curatives.

On mélange *in vitro* o gr. 000054 (1 dose mortelle) de microbes vivants, ou tués par la chaleur, puis desséchés dans le vide, avec o cc. 01 de sérum.

On injecte le tout dans le péritoine de la souris: la survie est obtenue. Ce sérum contient donc, d'après la méthode de Behring-Ehrlich, 100 unités antitoxiques.

On peut employer la notation de Roux, c'est-à-dire utiliser le rapport entre la quantité de sérum nécessaire pour préserver de la mort une souris qui reçoit en même temps, au même point, ou en un point éloigné, une quantité de culture ou de bacilles tués capable de la tuer en trois à quatre jours, et le poids de l'animal.

Ainsi le sérum injecté à la dose de o cc. 01 à une souris de vingt grammes qui survit dans ces conditions est dit préventif à $1/2000$.

Un sérum préventif à $1/2000$ est suffisamment actif pour le traitement de la dysenterie bacillaire.

En ce qui concerne le pouvoir curatif, un sérum qui guérit une souris de vingt grammes, infectée par la dose minima mortelle et qui reçoit seize heures après $1/10$ de cc. ou même $1/4$ de cc. de sérum, peut être considéré comme devant donner de bons résultats thérapeutiques chez l'homme. C'est à cette base d'appréciation que nous avons recours pour juger de la valeur curative du sérum antidysentérique préparé à l'Institut Pasteur.

Vaccination préventive antidysentérique.

Vaccination antidysentérique expérimentale (Société de Biologie, 26 octobre 1907). — Vaccination antidysentérique expérimentale par les voies digestives (Société de Biologie, 16 mai 1908). — Vaccination préventive con-

tre la dysenterie bacillaire (Progrès médical, 7 août
1909). — *Vaccination préventive antidysentérique. Ses
bases expérimentales (Annales de l'Institut Pasteur,*
25 sept. 1909).

La vaccination préventive antidysentérique peut s'obtenir
de deux manières : 1° par l'injection de sérum antidysentérique ; 2° par l'injection de microbes tués.

Vaccination microbienne. — J'ai étudié comparativement
sur l'animal les divers procédés que pouvait comporter cette
méthode.

Vaccination par bacilles seuls. — Des souris de 20 grammes
reçoivent sous la peau 0 gr. 00001 de bacilles secs tués par
la chaleur à 60° pendant une heure ; plusieurs jours après, on
les éprouve sous la peau avec la dose mortelle. Les résultats
sont les suivants.

L'immunité est acquise vers le douzième ou quinzième jour ;
mais sur le nombre total des souris éprouvées à cette période
40 à 50 0/0 succombent. De plus, avant ce délai, pendant
que l'animal prépare son immunisation, il est plus sensible
que les animaux témoins à l'épreuve mortelle. L'immunité
ainsi obtenue dure quatre à six semaines.

Chez l'homme, cette méthode provoque des phénomènes
locaux et généraux marqués et assez durables pour qu'elle ne
puisse être employée.

Vaccination par sérum-virus. — La méthode d'inoculation simultanée de sérum et de cultures tuées a donné des
résultats intéressants.

Comme avec la vaccination par le sérum seul, l'immunité
est acquise immédiatement, mais sa durée ne dépasse pas vingt
à vingt-cinq jours.

Vaccination par bacilles dysentériques sensibilisés. —
Voici comment le vaccin a été préparé :

On pèse 0 gr. 005 de bacilles dysentériques tués par la

chaleur et desséchés dans le vide ; on les émulsionne d'une façon homogène dans deux à trois gouttes d'eau physiologique stérile ; on additionne l'émulsion de sérum antidysentérique pour que la totalité de la masse mesure 2 cc. On mélange le tout, et on le laisse reposer à la température du laboratoire pendant douze heures. On décante, on lave à trois reprises différentes en centrifugeant dans de l'eau physiologique stérile. On émulsionne le dépôt dans 2 cc. d'eau physiologique ; le liquide obtenu constitue le vaccin.

A des souris de 20 grammes, on injecte sous la peau 2/10 de cc. de ce vaccin, soit dix fois la dose mortelle. Les jours qui suivent, les souris ont toute l'apparence de la santé ; elles ne subissent aucune perte de poids.

On les éprouve les jours qui suivent, à divers intervalles, avec la dose mortelle de cultures vivantes, soit 1/80 de culture de vingt-quatre heures sur agar en injection.

Les résultats sont les suivants :

1° Le vaccin préparé par les bacilles sensibilisés est infiniment moins toxique que l'inoculation des bacilles seuls.

2° Le vaccin par bacilles sensibilisés confère l'immunité en général au bout de quatre jours ; celle-ci dure au moins de trois à quatre mois.

3o Pendant que l'animal prépare son immunisation, il n'est pas plus sensible que les témoins à l'épreuve mortelle ; dans nombre de cas, au contraire, il leur survit.

Vaccination par les voies digestives. — On peut immuniser la souris adulte en lui faisant ingérer des bacilles dysentériques tués par la chaleur et desséchés dans le vide.

Cette immunité est conférée au bout de dix à douze jours environ ; elle dure cinq ou six semaines.

Vaccination par sérum à titre préventif.

— Les essais tentés expérimentalement avec M. Vaillard avaient fait prévoir la possibilité de vacciner contre la dysenterie, pendant une durée de 12 à 15 jours, les individus sains se trouvant en contact avec les malades. Ces prévisions étaient justifiées : les faits de ce genre actuellement connus tendent à montrer que, dans une famille où se déclare un cas de dysenterie bacillaire, on peut préserver presque sûrement les personnes habitant le même toit, en leur injectant sous la peau 10 cc. de sérum antidysentérique. Si cette méthode prophylactique est appliquée à la fois dans plusieurs familles ou plusieurs habitations menacées d'une contagion certaine, elle peut contribuer, sinon à faire cesser complètement l'épidémie, du moins à restreindre considérablement le nombre de ses victimes. Faute de terrains réceptifs, la graine finit par disparaître, et avec elle l'épidémie. Une seule injection peut n'être pas suffisante et souvent il convient de la réitérer 8 à 9 jours après.

Dysenterie amibienne.

Etiologie.

Contagiosité de la dysenterie amibienne en France (*Société Médicale des Hôpitaux,* 28 octobre 1904). — *Transmissibilité de la dysenterie amibienne en France. Importance de l'examen bactériologique dans tout cas de dysenterie* (*Presse Médicale,* 5 novembre 1904). — *La dysenterie amibienne dite « autochtone »* (*Paris Médical,* 12 mai 1917).

La dysenterie amibienne était jusqu'alors considérée comme l'apanage exclusif des pays chauds. Les cas qu'on observait en France n'étaient rencontrés que chez des coloniaux rapatriés, présentant des rechutes ou des récidives d'atteintes antérieures contractées aux colonies.

En 1904, j'eus l'occasion d'étudier complètement au point de vue étiologique 3 cas, qui démontrèrent nettement le pouvoir de transmissibilité de la dysenterie amibienne en France, expliquant la genèse autochtone apparente de ces atteintes.

Il s'agissait de deux soldats d'un régiment colonial de Paris, n'ayant jamais séjourné aux colonies, et présentant une amibiase intestinale typique, amibes dysentériques dans les selles, inoculation positive au chat ; ils habitaient une chambrée abritant des coloniaux rapatriés des pays chauds et en puissance de dysenterie amibienne, constatée elle aussi. Il n'était pas douteux que l'amibiase des premiers avait été contractée au contact des seconds.

Dans un troisième cas, constatations de même ordre, mais pas d'amibes dans les selles ; leur présence fut néanmoins décelée dans un abcès du foie survenu à titre de complication.

Ces faits ont été dans la suite confirmés par plusieurs auteurs, et tout particulièrement pendant la guerre, où Ravaut et Krolunitsky ont bien mis en évidence la poussée brusque subie nos troupes à la suite par l'arrivée de contingents indigènes.

Cette dysenterie amibienne contractée sur notre sol appartient bien à la même variété étiologique que l'amibiase intestinale des pays chauds : mêmes parasites, mêmes lésions.

Restait à définir le caractère de cette genèse dite autochtone. Celle-ci ne semble pas exister : la dysenterie amibienne ne se contracte que par contagion, soit directe, soit indirecte par la souillure spécifique des milieux extérieurs, et notamment par les kystes d'amibes dont certains individus guéris ou sains sont porteurs pendant longtemps, tout en restant méconnus. Ces considérations expliquent les faits de genèse en apparence spontanée, mais toujours dus, en réalité, à la contagion.

Anatomie pathologique.

Anatomie pathologique de la dysenterie amibienne (Archives de médecine expérimentale, juillet 1907).

Différente de la dysenterie bacillaire par sa cause étiologique, la dysenterie amibienne s'en sépare encore par son anatomie pathologique.

Altérations dysentériques du gros intestin. Aspect macroscopique. — Au premier degré des altérations, sur un espace très restreint, l'intestin est épaissi, œdématié ; la muqueuse est tuméfiée et légèrement congestive. À son niveau, on perçoit de véritables *verrucosités,* du volume d'un grain de mil, ou d'un pois.

A côté de ces lésions, correspondant alors à un degré plus avancé, des *ulcérations* de dimensions variables prennent naissance.

Leur fond est gris jaunâtre, ou grisâtre ; les bords sont déchiquetés ou bien taillés comme à l'emporte-pièce, mais ils *sont décollés.*

Ces ulcérations peuvent se montrer grosses comme une lentille, mais leurs dimensions s'accroissent rapidement au point de prendre facilement le volume d'une pièce de 5o centimes à 1 franc. S'il en est de voisines, elles peuvent se confondre en une seule.

D'une façon générale, ces lésions ne se répartissent pas également sur tous les segments de l'intestin. On trouve côte à côte des segments sains, des segments où les ulcères sont rares et distants les uns des autres, d'autres où ils sont confluents. De plus, même dans les cas les plus chroniques, à côté des altérations les plus anciennes, se rencontrent, greffés sur ces dernières, des désordres de date récente.

Étude histologique. — Les altérations histologiques de la dysenterie amibienne peuvent être rapportées aux trois stades suivants :

Stade d'inflammation catarrhale. — *Lésions de la muqueuse.* — La presque totalité des altérations siège au niveau de la muqueuse et sur un espace très limité de cette dernière. Elles se résument dans la formule suivante : congestion, hypersécrétion glandulaire, diapédèse leucocytaire. Mais on constate en outre l'existence d'amibes dysentériques *dans la gangue interstitielle* et dans les glandes, elles s'enfoncent, en outre vers les couches les plus profondes de cette tunique.

Lésions de la sous-muqueuse. — Elles se réduisent à un léger degré d'œdème et d'hyperémie.

STADE PRÉULCÉRATIF. — *Lésions de la muqueuse.* — Elles consistent dans la nécrose progressive des glandes du tissu interglandulaire et des cellules migratrices.

Au milieu de ce tissu mortifié, les amibes sont perceptibles, soit isolées, soit en amas; elles poursuivent leur route dans la profondeur, où elles atteignent déjà la musculaire.

Lésions de la sous-muqueuse. — Jusqu'alors la muqueuse était le siège de la presque totalité des altérations; quand les amibes font irruption dans la sous-muqueuse, cette dernière présente des réactions, analogues aux précédentes, mais plus étendues : congestion vasculaire, mailles conjonctives infiltrées par un liquide œdémateux abondant et de nombreuses cellules migratrices. Mais bientôt, dans les portions qui environnent directement les amibes, le tissu ainsi infiltré subit aussi la nécrose.

Cette nécrose se montre soit sous forme de foyers limités ou de nappes plus ou moins étendues, qui s'étalent en largeur sous la muqueuse. Ces foyers ou ces nappes sont en continuité directe avec la bande étroite de nécrose dont la muqueuse est le siège : dans leur ensemble, ils rappellent la configuration générale du « *bouton de chemise* ».

Enfin, ces altérations s'accompagnent à leur périphérie de phénomènes réactionnels intenses; les leucocytes affluent et forment une couche périphérique dense, véritable membrane pyogénique.

La région nécrosée ne tarde pas d'ailleurs à subir une fonte générale, et l'on assiste à la formation d'un véritable *abcès* sous-muqueux où les globules pyoïdes abondent. Des amibes, les unes sont devenues libres, les autres se trouvent dans les parois de l'abcès, la franchissent pour constituer plus loin des foyers secondaires, communiquant plus tard avec les foyers primitifs. Ainsi se forment parfois de vastes nappes purulentes qui, dans maintes observations, sont désignées sous le nom de « phlegmon sous-muqueux ».

Au-dessus de ces régions abcédées, la muqueuse conserve son intégrité totale.

STADE ULCÉRATIF. — L'abcès amibien sous-muqueux une fois développé s'ouvre, et se vide dans la cavité digestive. Son contenu une fois éliminé totalement ou en partie, il reste une perte de substance qui représente l'ulcération type de la dysenterie amibienne.

Dès son début, elle présente la configuration générale d'un « bouton de chemise ». On distingue chez elle une portion renflée, creusée dans la sous-muqueuse, et un étroit pertuis, qui traverse la muqueuse, et se termine par une sorte de cratère.

Les lésions présentées par la muqueuse sont de très minime étendue ; elles occupent presque exclusivement la portion qui borde directement le pertuis fistuleux développé à ses dépens. Elles se résument dans la nécrose.

A très peu de distance, le tissu glandulaire réapparaît ; il présente sur un espace encore très restreint les altérations inflammatoires et nécrotiques des stades initiaux. En cette région parfois, les glandes sont extrêmement dilatées, et transformées en kystes muqueux.

Au delà de cette zone si étroite, la muqueuse reprend son apparence normale ; toutefois elle se décolle, et flotte au-dessus de la sous-muqueuse creusée par le processus ulcéreux.

Autrement dit, les bords de l'ulcère sont *taillés à pic* et *surplombants ;* caractère important de l'ulcération type de la dysenterie amibienne.

Dans la sous-muqueuse, le pourtour de l'ulcère est constitué par un feutrage assez dense de cellules mortifiées, de leucocytes transformés en globules pyoïdes, au milieu desquels les amibes foisonnent.

Les réactions qui se produisent à distance sont d'ordre banal ; elles sont identiques à celles de la période précédente. On trouve des amibes jusque dans les lymphatiques qui peuvent être bourrés de ces parasites.

Poursuivant son évolution, l'ulcère creuse en tous sens ; dans le sens transversal, il provoque la formation de longs tunnels qui décollent de plus en plus la muqueuse. Celle-ci finit par souffrir du défaut d'apport sanguin ; sa nutrition se compromet de plus en plus, et on la voit subir une fragmentation successive qui agrandit ainsi l'orifice de la perte de substance. Bien plus, deux ulcères voisins peuvent arriver à se joindre ; la muqueuse située entre eux se mortifie en bloc et s'élimine sous la forme d'un vaste lambeau.

D'autre part, en creusant dans la profondeur, l'ulcère finit par envahir et détruire progressivement la sous-muqueuse, les couches musculaires, puis le péritoine, produisant ainsi des perforations.

Entre les ulcères, les altérations présentent, dans les cas prolongés, des caractères méritant une mention particulière :

La muqueuse se montre habituellement sous un aspect normal, contrastant avec les lésions destructives si intenses qui lui sont voisines.

Cette muqueuse est fréquemment le siège, sur une assez grande étendue, d'une inflammation catarrhale chronique qui se traduit par la production de kystes muqueux provenant de la dilatation et de l'obturation des glandes ; l'ensemble figure une sorte de tissu caverneux envahi par le mucus.

La sous-muqueuse présente des altérations dont la chronicité est le caractère dominant : infiltration embryonnaire peu marquée, tissu conjonctif transformé, en nombre de régions, en tissu fibreux dont les trousseaux ondulés sont extrêmement denses ; leur développement exagéré et leur rétraction possible expliquent aisément les rétrécissements qui se produisent à cette phase. Les parois vasculaires sont épaissies, fibreuses. Les lymphatiques sont habituellement très développés, irréguliers dans leur calibre. Quelques-uns sont gorgés d'amibes qu'ils transportent vraisemblablement au loin.

Enfin les follicules clos montrent les altérations spéciales constatées déjà par Cornil.

Altérations des autres organes. — Les lésions de l'intestin grêle sont, les unes, d'ordre banal et se rapportent en ce cas à des altérations d'entérite, les autres, plus rares, sont de nature amibienne et superposables à celles du gros intestin.

Les lésions du rein ne présentent aucun caractère de spécificité.

Passant dans la circulation sanguine ou lymphatique, l'amibe peut coloniser au niveau du foie, du poumon, de la rate, du cerveau.

Rien n'a été ajouté à la description des *abcès du foie* de Kelsch et Kiener, ni à celle des *abcès du cerveau* de Karlis et de Legrand. Ces abcès sont dus à l'action pathogène des amibes dysentériques qu'on retrouve dans le pus et surtout dans les parois de l'abcès. Les lésions histologiques sont superposables à celles des abcès de la sous-muqueuse précédant les ulcères.

Quel que soit donc l'organe où s'implante l'amibe dysentérique, son pouvoir pathogène se traduit toujours par de la nécrose, suivie d'une réaction suppurante ; le processus amibien se montre donc identique à lui-même dans tous les points où il concentre ses effets.

Enfin cette étude a permis d'établir les différences anatomo-pathologiques essentielles, séparant à ce point de vue les dysenteries bacillaires et amibiennes. Le tableau suivant les a mises en évidence.

Dysenterie bacillaire.

1° Au début, catarrhe étendu, uniforme, avec congestion de la muqueuse. Rares bacilles perceptibles. Pas d'amibes.

2° Nécrose progressive de la muqueuse, *en nappe, uniforme, très étendue*. Les bacilles y sont nombreux. La sous-muqueuse épaissie, œdématiée, présente un aspect phlegmoneux.

3° Ulcérations *larges, superficielles*, n'intéressant tout d'abord que la muqueuse. Bords aplatis non décollés, constitués par la muqueuse nécrosée, friable sur une grande étendue. Fond plat, envahi par une infiltration hyoïde. Les bacilles sont perceptibles au niveau des surfaces nécrosées.

4° Cette ulcération n'envahit les couches profondes (sous-muqueuse et musculaire) que dans les atteintes aiguës, un peu prolongées. Même en ce cas, les pertes de substances sont séparées par une muqueuse nécrosée en voie d'élimination. Les bords ne sont pas décollés.

5° Les réactions inflammatoires prennent habituellement un caractère d'acuité très accusé.

Dysenterie amibienne.

1° Catarrhe localisé de la muqueuse dû à la présence d'amibes. Pas de bacilles dysentériques.

2° Nécrose *très limitée*, progressant *en profondeur*, formant des espèces de puits ; dans la sous-muqueuse, des *abcès amibiens* se forment, profonds, et s'étalent sous la muqueuse.

3° Ulcérations *profondes, en bouton de chemise* ; bords surplombants et décollés, constitués par la muqueuse presque normale. Le fond atteint la sous-muqueuse : il est tapissé d'amibes qui pénètrent dans la paroi qu'elles continuent à ronger.

4° L'ulcération s'agrandit, creuse des tunnels sous la muqueuse qui s'élimine sous forme de larges lambeaux. Elle atteint communément les couches musculaires. Même en ce cas, l'ulcération est séparée de la voisine par une muqueuse presque normale. Les bords sont toujours décollés.

5° Les réactions inflammatoires sont habituellement marquées ; elles prennent le type subaigu ou chronique.

Sur quelques points relatifs à l'action pathogène de l'amibe dysentérique (*Annales de l'Institut Pasteur*, 25 juillet 1905).

Pénétration dans le gros intestin. — Les avis étaient très partagés sur le mode et le lieu de pénétration des amibes dans la paroi intestinale.

Quand on observe les lésions dysentériques tout à leur début, soit chez l'homme, soit chez l'animal infecté expérimentalement, on arrive à déceler nettement le lieu et le mode de pénétration du parasite .

A la phase initiale, la muqueuse seule présente des lésions : les unes sont inflammatoires et d'apparence banale ; d'autres sont constituées par du tissu de nécrose, qui n'intéresse la muqueuse que sur un point très limité. Au milieu de ce tissu nécrobiosé les amibes pullulent.

En d'autres régions, les altérations sont identiques, mais s'étendent, et la nécrose envahit alors la sous-muqueuse, où les amibes abondent.

Par conséquent, *l'amibe pénètre bien par la muqueuse.* Comment y pénètre-t-elle ?

J'ai pu voir, sur des intestins de chats, l'amibe franchir la barrière épithéliale ; une fois engagée dans l'épaisseur de la muqueuse, elle chemine *dans le tissu conjonctif sous-épithélial et interglandulaire.* Elle ne s'engage nullement dans les orifices des canaux glandulaires, dont l'accès lui est interdit par une véritable chasse d'hypersécrétion muqueuse. On peut la suivre dans les profondeurs de la tunique, où elle occupe toujours le tissu interstitiel. Parfois elle aborde une glande, en perfore la membrane basale, détruit l'épithélium et envahit la cavité.

Arrivées aux couches les plus inférieures de la membrane muqueuse, les amibes traversent la *muscularis mucosæ* et envahissent la sous-muqueuse, puis les couches musculaires.

En résumé, *c'est la voie conjonctive que prennent les amibes pour envahir les tissus intestinaux.*

Dans les régions où l'on peut saisir en son début l'invasion de l'amibe dans les parois intestinales, on constate tout d'abord des phénomènes inflammatoires traduisant une réaction de défense contre l'invasion parasitaire ; mais, au voisinage de l'amibe, les tissus sont progressivement frappés de nécrose.

Bientôt s'ajoutent des phénomènes de suppuration : le tissu

de nécrose s'entoure à la périphérie d'une couronne de leucocytes qui deviennent bientôt globules pyoïdes, et l'on assiste à
la fonte de la masse nécrosée; en un mot, un *abcès* se forme,
dont l'ouverture à travers la muqueuse intestinale provoque
la formation des ulcérations.

En ce qui concerne les autres lésions amibiennes, au niveau
du foie, du cerveau, etc., l'action pathogène de l'amibe se révèle d'une façon identique. A leur début, le pus n'est pas collecté ; sur une zone de minime étendue, le tissu hépatique est
nécrosé en masse : au milieu de trabécules pâles, dont le protoplasma cellulaire est granuleux, et les noyaux transformés en
grains chromatiques, on constate l'existence d'amibes nombreuses.

C'est à ces désordres que semblent se réduire les fonctions
de l'amibe. Plus tard survient la suppuration, et avec elle
prennent naissance les bactéries pyogènes décelables au microscope et à la culture.

Il est intéressant de remarquer la similitude des altérations
que l'on rencontre dans tous les viscères atteints par l'amibe.
Si les réactions du gros intestin paraissent un peu différentes,
au fond elles sont identiques, car les ulcères semblent bien
n'être dus qu'à l'ouverture des abcès sous-muqueux dans la
cavité intestinale. L'amibiase dysentérique se révèle donc d'une
manière uniforme dans tous les tissus qu'elle envahit.

Émigration des amibes. — Diverses hypothèses ont été
soulevées sur la voie prise par l'amibe pour aller coloniser
dans les viscères : voie péritonéale, voie lymphatique.

La voie péritonéale ne s'appliquerait qu'à l'abcès hépatique.

L'hypothèse de la voie lymphatique est plus soutenable,
étant donné surtout la fréquence et le nombre des amibes
dans certains lymphatiques de l'intestin. En ce cas, l'émigration se ferait par le canal thoracique, d'où elles seraient dé-
versées dans la grande circulation. Mais aucun auteur n'a pu
trouver d'amibes dans les ganglions mésentériques; enfin on

comprend mal pourquoi le foie est l'organe le plus particulièrement atteint dans ce processus de généralisation.

Il semble préférable d'admettre l'émigration par les voies
vasculaires sanguines. Beaucoup de capillaires de la paroi
intestinale sont remplis d'amibes ; les parasites seraient char-
riés par les veines mésentériques vers le foie, où ils colonise-
raient facilement. Ce qui semblerait bien le prouver, c'est
cette observation de Marshall, où la veine porte était obstruée
par un thrombus riche en amibes. La fréquence de l'atteinte
hépatique peut ainsi se concevoir, et les embolies parasitaires
formées au niveau du poumon ou du cerveau trouveraient
encore ici leur explication.

La voie vasculaire semble donc bien être suivie par les amibes pour assurer leur propagation au loin. Cette hypothèse
toutefois demanderait de nouvelles vérifications de contrôle.

Traitement.

Traitement de la dysenterie amibienne par le kho-sam
   (*Société médicale des Hôpitaux*, 17 mai 1906).

Le kho-sam est très efficace dans un certain nombre de cas,
même ceux qui paraissent rebelles à toute autre thérapeutique :
au 2e ou 4e jour du traitement, après une légère élévation du
chiffre quotidien des selles et quelques coliques, le sang disparaît des déjections, puis les selles deviennent fécaloïdes et
leur nombre tombe à l'unité.

Il survient parfois des rechutes jugulées par une nouvelle
cure.

Traitement de la dysenterie amibienne par la créosote
   (*Soc. de Pathologie exotique*, 12 février 1908).

Plusieurs cas de dysenterie amibienne, où les traitements
classiques par le nitrate d'argent, l'ipéca à la brésilienne, les
pilules de Segond étaient restés inefficaces, ont été très amé-

liorés par les lavements créosotés à 1 p. 100, imaginés antérieurement par Zanardini. Ce procédé a permis de juguler la crise dysentérique.

La créosote semble agir localement sur les amibes qu'elles peuvent atteindre directement, mais aussi peut-être indirectement à la faveur de son passage et de sa diffusion dans la circulation générale. Resterait cependant à déterminer si ce médicament met à l'abri des rechutes et des récidives.

Traitement de la dysenterie amibienne (*Progrès Médical*, 30 octobre 1909).

Revue des divers moyens thérapeutiques utilisés à cette époque contre l'amibiase intestinale. Outre l'administration des diverses substances utilisées pour guérir les lésions du gros intestin, il ne faut pas négliger d'instituer un régime alimentaire approprié aux fonctions digestives de chaque malade, sous peine de compromettre l'action bienfaisante des médicaments réputés spécifiques.

Sur l'action de l'émétine dans la dysenterie amibienne (*Société médicale des Hôpitaux*, mars 1913; 4 avril 1913; mai 1913). — **Traitement des lésions amibiennes par les sels d'émétine** (*Paris médical*, 3 novembre 1913). — **Le chlorhydrate d'émétine dans le traitement de l'amibiase** (*Académie de médecine*, 18 novembre 1913). — **Contribution à l'étude de l'action de l'émétine dans le traitement des abcès dysentériques du foie** (avec M. Pauron) (*Société médicale des Hôpitaux*, 23 novembre 1913). — **Traitement de la dysenterie amibienne par l'émétine** (*Paris médical*, 14 mars 1914). — **Amibiase et Emétine** (*Société de Pathologie exotique*, 11 février 1914). — **Action de l'émétine dans le traitement des abcès amibiens du foie** (*Paris médical*, 4 mars 1916).

**Série de communications et mémoires faisant connaître les

résultats du traitement par l'émétine à la suite des travaux de L. Rogers aux Indes et de M. Chauffard en France.

Dans la *dysenterie amibienne*, l'émétine est douée d'une efficacité incontestable sur la *crise dysentérique* : que l'affection soit récente ou ancienne, quelques heures après l'injection sous-cutanée, les coliques diminuent, puis disparaissent, et déjà au bout de 24 heures, le chiffre des selles se réduit d'une façon importante ; celles-ci deviennent fécaloïdes ; la crise est jugulée en quelques jours ; le nombre des amibes diminue graduellement ; elles sont remplacées bientôt par des kystes qui, eux, persistent assez longtemps dans les matières redevenues normales. En même temps, l'état général s'améliore, l'anémie disparaît, le poids augmente rapidement.

Dans l'*abcès amibien du foie*, les effets sont aussi remarquables ; mais la guérison ne peut être obtenue qu'à une condition essentielle : l'évacuation de la poche abcédée par empyème, ou ponction, ou vomique. J'ai appliqué cette médication à des cas variés, abcès ouverts, puis traités par l'émétine, abcès fermés traités par cette substance, puis ouverts ; abcès fermés et non ouverts ultérieurement. Il résulte de ces observations que, sur un abcès hépatique non ouvert, l'émétine en injections sous-cutanées détermine un arrêt manifeste dans la marche du processus amibien : *elle transforme un abcès vivant en un abcès mort*, mais elle est incapable d'assurer la résorption du pus collecté. La guérison ne peut être obtenue qu'après l'évacuation du pus.

Les résultats observés sont infiniment supérieurs à ceux obtenus par les méthodes classiques ; l'émétine est donc bien douée d'une spécificité remarquable vis-à-vis de l'amibe dysentérique.

Toutefois, cette méthode se heurte parfois à des *insuccès* qu'il convient de bien définir pour pouvoir y remédier.

1° *L'émétine reste totalement inefficace vis-à-vis des lésions intestinales étrangères à l'amibiase ;* à ce titre, son inefficacité est absolue sur les lésions d'ordre banal qui se surajoutent, au niveau de l'intestin grêle, aux lésions spécifiques de l'amibe; dans ce cas, la crise dysentérique terminée, le malade peut présenter de l'entérite chronique sur laquelle l'émétine reste inopérante.

Il en est de même de la dysenterie bacillaire qui résiste à l'action de ce médicament. Plusieurs faits le prouvent surabondamment; des expériences sur le pouvoir bactéricide de l'émétine vis-à-vis des cultures de bacilles dysentériques ont démontré d'ailleurs qu'il était nul.

2° *L'émétine ne met pas les dysentériques, dont elle a jugulé la crise, à l'abri des rechutes.* Le fait avait déjà été signalé par certains auteurs. Ces rechutes peuvent même être assez rapprochées de l'époque où la cure d'émétine a pris fin.

3° *Elle ne met pas les dysentériques paraissant guéris de la crise dysentérique à l'abri d'un abcès du foie.*

Un abcès du foie s'est développé deux mois après la fin de la dernière crise dysentérique, traitée et jugulée par l'émétine.

4° *On peut observer aussi, dans des conditions analogues, des rechutes d'hépatite amibienne.*

Ces rechutes, intestinales et hépatiques, de l'amibiase semblent dues à la résistance des kystes amibiens à l'action de l'émétine. Celle-ci en effet a rapidement raison de la forme active du parasite, mais reste inefficace sur sa forme enkystée. Cette dernière pourrait dès lors donner naissance à de nouvelles générations d'amibes, capables de provoquer des lésions dysentériques ou hépatiques.

Mais ces faits ne sont pas de nature à faire refuser au chlorhydrate d'émétine toute spécificité; ils engagent à utiliser ce médicament d'une façon rationnelle, et à réaliser, comme l'a demandé M. Chauffard, la méthode des traitements successifs que M. Laveran a préconisée pour le paludisme. Ces cures successives doivent avoir pour effet d'arrêter le développement des amibes jeunes, issues des kystes.

Diagnostic des dysenteries.

Diagnostic bactériologique de la dysenterie amibienne (*Paris Médical*, 14 décembre 1912). — *Diagnostic bactériologique de la dysenterie bacillaire* (*Paris Médical*, 26 octobre 1912). — *Eosinophilie dans la dysenterie amibienne* (*Soc. de Pathologie exotique*, 13 janvier 1909). — *Diagnostic des Dysenteries* (*Progrès Médical*, 9 mai 1908).

Le diagnostic de la dysenterie ne présente habituellement aucune difficulté ; devant un malade qui présente des coliques violentes, des épreintes, du ténesme, des selles nombreuses, constituées par des glaires, du mucus sanglant, le clinicien ne peut guère apposer que l'étiquette « dysenterie ». Cependant ces symptômes cardinaux peuvent se rencontrer au cours de certaines affections intestinales qui lui sont étrangères ; en un mot, à côté des phénomènes *dysentériques* bien constitués, il y a place pour des « *états dysentériformes* » ; ceux-ci, tout en prenant le masque de la dysenterie, s'en séparent totalement au point de vue de la cause qui leur a donné naissance ; il importe donc de les différencier.

Diagnostic des états dysentériformes. — Diagnostic différentiel à établir entre les rétrécissements, le cancer du rectum, les rectites, l'occlusion intestinale, la tuberculose intestinale, certaines formes d'ankylostomiase, d'entérite muco-membraneuse, diverses intoxications alimentaires, l'urémie intestinale, etc.

Diagnostic des dysenteries — Il demande à être établi entre les variétés étiologiques connues de cette affection.

L'examen clinique, même aidé des anamnestiques, peut difficilement conclure dans un sens ou un autre. Le plus souvent il faut avoir recours à l'aide du laboratoire.

L'examen bactériologique comporte les épreuves suivantes :

1° **Examen microscopique** des selles : leucocytorrhée dans la dysenterie bacillaire; amibes dans la dysenterie amibienne (caractères spécifiques de ces parasites).

2° Isolement du parasite. N'est possible que pour la dysenterie bacillaire sur milieux lactosés tournesolés; l'identification s'impose.

3° Séroréaction. Nulle pour la dysenterie amibienne. N'est positive qu'en cas de dysenterie bacillaire : étude des conditions essentielles de cette recherche; nécessité de pratiquer cet examen avec les cultures des diverses variétés de bacilles dysentériques. Appréciation des résultats.

4° Équilibre leucocytaire. Polynucléose dans la dysenterie bacillaire; éosinophilie dans la dysenterie amibienne.

5° Inoculation expérimentale. Ne peut être positive qu'en cas de dysenterie amibienne. Injecter 1 cc. de matières dysentériques dans le rectum d'un jeune chat; s'il s'agit de dysenterie amibienne, l'animal présentera une dysenterie de même nature une huitaine de jours après l'inoculation.

Ce diagnostic étiologique est important en raison de la thérapeutique différente qui doit être mise en œuvre dans chacune de ces dysenteries.

Ces travaux ont pris place dans deux livres où ont été exposées les données acquises à l'époque sur la question des dysenteries.

Bactériologie des Dysenteries. 1 volume de l'*Encyclopédie scientifique*, 300 pages, Paris, 1908, O. Doin, édit. — **Les Dysenteries. Symptomatologie. Anatomie pathologique. Epidémiologie et Traitement.** 1 volume des *Actualités médico-chirurgicales des armées de terre et de mer*, 208 pages, Paris, 1910, O. Doin, édit.

MÉNINGITE CÉRÉBRO-SPINALE

Études sur le méningocoque.

Au moment où les recherches concernant ce sujet ont été entreprises, la question de la différenciation nette du méningocoque et des germes similaires n'était pas encore réglée. Beaucoup d'auteurs français et étrangers les confondaient sous le même vocable; d'aucuns voyaient même entre le méningocoque et le gonocoque notamment une parenté telle, qu'ils étaient enclins à conclure à l'identité de ces deux agents pathogènes, d'autant qu'on avait observé des méningites gonococciques et, d'autre part, des épididymites méningococciques. Les travaux qui suivent ont contribué, pour une bonne part, à éclairer la question, et à faire du méningocoque un germe spécial.

Sur la coagglutination du méningocoque et du gonocoque
(*Société de Biologie*, 25 juillet 1908).

Le sérum antiméningococcique, qui agglutine le méningocoque, agglutine aussi assez fréquemment certains échantillons de gonocoque. On observe des faits identiques avec le sérum antigonococcique. Certains auteurs en ont déduit que ces deux germes n'étaient que des types d'un seul et même microorganisme.

Avec R. Koch, j'ai démontré l'erreur de cette interprétation, en utilisant l'épreuve de la saturation des agglutinines avec le sérum antiméningococcique et antigonococcique sur chacun de ces deux germes. Le sérum antiméningococcique, dont les agglutinines ont été fixées totalement par le méningocoque, perd pour les deux microbes son pouvoir agglutinant; au contraire, ce même sérum, impressionné par le gonocoque, conserve son pouvoir agglutinant pour le méningocoque. L'agglutination de ce dernier est donc bien spécifique, tandis que pour le gonocoque il s'agit uniquement d'une agglutination du groupe.

L'expérience, répétée avec du sérum antigonococcique, donne des résultats exactement concordants.

Le méningocoque et le gonocoque sont des bactéries nettement différentes.

Sur les précipitines du méningocoque et du gonocoque (avec M. Raymond Koch) (*Société de Biologie*, 25 juillet 1908).

Constatations semblables à celles qui concernent les agglutinines.

Action du méningocoque et des bactéries similaires sur les milieux sucrés ou neutralroth (avec M. R. Koch) (*Société de Biologie*, 24 octobre 1908).

Nouveau milieu de différenciation du méningocoque et de ses congénères.

Résultats : sur dextrose et maltose, après 24 heures d'étuve à 37°, la strie d'ensemencement du méningocoque prend une teinte carminée alors que le reste du milieu reste jaune. Sur lévulose, la strie garde la teinte du milieu.

Cette réaction est calquée sur celle des fermentations qu'on observe sur gélose tournesolée, dextrosée, maltosée et lévulosée.

Avec les germes similaires et le gonocoque, réactions fermentatives parallèles à celles que donnent les milieux sucrés au tournesol.

Différenciation du méningocoque et des germes similaires par l'épreuve du péritoine (Société de Biologie, décembre 1910).

L'épreuve « du péritoine » est destinée à réaliser vis-à-vis du méningocoque une réaction rappelant le phénomène connu sous le nom de « Phénomène de Pfeiffer » dans l'étude du vibrion cholérique ; elle est d'une haute utilité pratique pour distinguer nettement le méningocoque des germes qui lui ressemblent, mais lui sont étrangers. L'expérience réussit à condition d'utiliser des doses de culture non mortelles, devant lesquelles le péritoine du cobaye jeune réagit d'une façon sensiblement égale d'un animal à l'autre.

A plusieurs séries de cobayes de 200 à 250 grammes, on injecte dans le péritoine : 1re série : 1 cc. d'une culture de méningocoque sur agar émulsionnée dans 6 cc. d'eau physiologique ; 2e série : même dose, mais précédée la veille d'une injection également intrapéritonéale de 0 cc. 5 de sérum de cheval normal ; 3e série : même dose, et le sérum normal est remplacé par du sérum antiméningococique.

Une fois l'injection microbienne effectuée, on prélève l'exsudat péritonéal de 5 minutes en 5 minutes, on l'étale sur lame et, après coloration simple, on examine au microscope.

Chez les cobayes témoins n'ayant reçu que *l'émulsion microbienne* seule, on constate pendant plusieurs heures après l'inoculation, une foule innombrable de méningocoques ; les leucocytes ne commencent à arriver que vers la 6e heure ; à ce moment, les méningocoques diminuent progressivement de nombre pour disparaître ensuite vers la 10e heure.

Chez ceux qui ont reçu préablement du *sérum normal*, l'évolution est plus rapide ; la leucocytose apparaît vers la 2e ou 3e heure, et les méningocoques, très nombreux jusqu'alors, disparaissent.

Chez les cobayes qui ont été injectés avec le *sérum antimé-*

ningococcique, après une phagolyse intense, la lymphocytose est la règle et les méningocoques subissent une fonte progressive ; de plus, 20 minutes après l'injection microbienne, l'examen ne montre que quelques lymphocytes, et la disparition des germes est complète.

Répétée avec, non plus du méningocoque, mais une émulsion de pseudo, ou de paraméningocoques, l'exsudat péritonéal reste riche en bactéries pendant 1 heure 3o à 2 heures, comme si l'expérience avait été faite avec du sérum normal.

Enfin cette épreuve, utile pour la différenciation microbienne spécifique, est la manifestation la plus frappante du pouvoir bactériolytique du sérum antiméningococcique.

Ces travaux ont été poursuivis d'une façon spéciale dans le sens d'une différenciation nette à établir entre les méningocoques et les paraméningocoques (voir page 70).

Études sur les Paraméningocoques. Caractères spécifiques. Déterminations cliniques.

Études de quelques germes isolés du rhino-pharynx, variétés du méningocoque, paraméningocoques (Soc. de Biologie, 3 juillet 1909).

A côté du méningocoque et des pseudo-méningocoques qu'on peut rencontrer dans le rhino-pharynx, j'ai isolé des germes analogues, mais différents néanmoins par certaines propriétés biologiques :

Caractères de culture identiques à ceux que présente le méningocoque ; pas de teinte jaune comme les Flavus. Fermentations sucrées calquées sur celles du méningocoque. Mais aucune agglutination avec le sérum antiméningococcique. Ce caractère négatif invitait à ne pas les confondre avec les méningocoques vrais.

En présence de ces faits, il était déjà évident qu'il fallait

faire une classe à part pour ces germes spécifiquement différents des groupes connus, malgré leurs points de ressemblance
avec le méningocoque de Weichselbaum ; ils appartenaient
donc à une race spéciale de méningocoques, et méritaient
l'étiquette de *paraméningocoques*, destinée à les différencier
des pseudo-méningocoques, déjà connus.

Des expériences et des publications ultérieures confirmèrent
et accentuèrent cette manière de voir.

Méningites cérébro-spinales à paraméningocoques (*Société Médicale des Hôpitaux*, 12 juin 1911). — *L'Infection paraméningococcique* (*Paris Médical*, 12 octobre 1912).

J'avais émis la pensée que ces microbes spéciaux rencontrés dans le rhino-pharynx au même titre que le méningocoque, pourraient à l'occasion franchir cette première étape
et engendrer des septicémies et même des méningites.

Les événements ont confirmé cette hypothèse.

Les observations de P. Carnot et P. L. Marie, de Ménétrier,
vinrent prouver qu'il existait bien une « infection paraméningococcique » dont il fut possible de tracer les grands traits cliniques.

Cette infection fut retrouvée depuis lors avec une plus grande fréquence au fur et à mesure que les recherches bactériologiques s'effectuèrent plus rigoureusement.

Ces déterminations cliniques sont superposables à celles
de la méningococcie : méningites cérébro-spinales, septicémies,
avec cette particularité toutefois qu'elles paraissent plus graves
que les manifestations de cette dernière. La pathogénie est la
même.

Mais cette infection résiste à la sérothérapie antiméningococcique ; d'où nécessité de préparer un sérum spécifique particulier destiné à lutter contre l'action pathogène de ces nouveaux germes (page 93).

**La saturation des agglutinines et des précipitines appli-
quée à la différenciation du méningocoque et des paraméningocoques** (avec M. PAURON) (*Société de Biologie*,
20 juin 1914). — **La saturation des bactériolysines appliquée à la différenciation du méningocoque et des paraméningocoques entre eux** (avec M. PAURON) (*Société de
Biologie*, 4 juillet 1914). — **Différenciation des paraméningocoques entre eux** (avec M. PAURON) (*Société de
Biologie*, 27 juin 1914).

Après avoir décrit les caractères morphologiques, culturaux
et fermentatifs, de ces nouveaux germes, je me suis attaché à
l'étude approfondie de leurs propriétés biologiques, destinées
à prouver nettement leur spécificité.

Preuves de la spécificité. — *L'agglutination* est nulle avec
le sérum antiméningococcique, positive avec un sérum antiparaméningococcique.

Avec le sérum des malades, mêmes résultats : nulle avec
le sérum des malades atteints de méningites à méningocoques,
positive avec celui des malades infectés par le paraméningocoque.

Toutefois, le sérum antiméningococcique agglutine parfois
le paraméningocoque. De même aussi le sérum antiparaméningococcique agglutine presque toujours non seulement le
paraméningocoque, mais aussi divers échantillons de méningocoque.

La détermination de la nature de ces coagglutinations
devait être faite car, au point de vue pratique, leur existence
était de nature à troubler l'interprétation des résultats, quand
il s'agissait notamment de connaître la cause étiologique d'un
cas de septicémie ou de méningite. De ce diagnostic, en effet,
dépendait le choix de la sérothérapie à employer.

L'épreuve de la *saturation des agglutinines* permet de
conclure qu'un sérum antiparaméningococcique (agglutinant

méningocoque et paraméningocoque, saturé par un méningocoque) se dépouille de ses agglutinines pour tous les méningocoques et laisse libres les agglutinines paraméningococciques. Saturé par un paraméningocoque, il perd ses agglutinines pour les germes appartenant au groupe du paraméningocoque qui a servi à la saturation. La réciproque est vraie.

Mêmes constatations en ce qui concerne la *réaction des précipitines*.

Il en est de même de l'*épreuve du péritoine* destinée à la mise en évidence des *bactériolysines*. Mais en raison de la constatation de co-bactériolysines contenues souvent dans un même antisérum, j'ai réalisé l'épreuve de la *saturation des bactériolysines* à l'aide de sérums « épuisés » par le méningocoque et le paraméningocoque. Elle a fourni des résultats conformes à ceux des expériences relatives à l'agglutination et à la précipitation.

Mêmes résultats obtenus à l'aide de l'*épreuve de la veine* sur le cobaye.

Les résultats de la *fixation du complément* concordent encore avec les précédents. Toutefois, en présence d'un sérum antiméningococcique, le paraméningocoque fixe le complément au même titre que le méningocoque. Il s'agit vraisemblablement encore ici de réactions de groupe, car il existe des ambocepteurs spécifiques vis-à-vis des paraméningocoques dans le sérum de sujets infectés par ce germe ; ils sont absents dans le sérum de sujets infectés par le méningocoque.

Chacun de ces sérums, autrement dit, possède pour le germe qui l'a impressionné une *sensibilisatrice nettement spécifique*.

Enfin, notion capitale dans l'espèce, la *sérothérapie antiméningococcique reste inefficace vis-à-vis de la méningite paraméningococcique*, d'où nécessité de préparer un sérum spécial contre cette affection nouvellement différenciée.

Pluralité des Paraméningocoques. — Au cours de l'étude

comparative de divers échantillons de paraméningocoques, j'avais remarqué qu'un sérum préparé avec l'un d'entre eux agglutinait le germe qui avait servi à la préparation des animaux, qu'il pouvait en agglutiner d'étrangers à l'immunisation, mais aussi rester inactif sur certains autres. C'étaient des constatations suffisantes pour faire admettre déjà la *pluralité des paraméningocoques* que j'avais envisagée dès 1912 (*Paris Médical*, 12 oct. 1912).

Cette opinion fut confirmée par des expériences de deux ordres :

1° Avec le sérum d'un cheval ayant reçu dans les veines les divers échantillons que j'avais pu recueillir, tous étaient pour ainsi dire également agglutinés.

Mais la saturation des agglutinines effectuée avec ce sérum polyvalent sur tous les germes en ma possession a permis de distinguer plusieurs variétés de paraméningocoques, qui ont pu être dissociés nettement : le sérum saturé par les germes se rangeant dans l'un de ces groupes devient inactif sur ce dernier, mais reste actif sur les deux autres.

2° En préparant une série de lapins, dont le sérum est le plus souvent dépourvu de coagglutinines, avec chacun de ces groupes, on arrive à obtenir des agglutinines respectivement spécifiques sur chacune des trois variétés. Ces expériences sont en concordance avec celles de la saturation des agglutinines.

On arrive ainsi à isoler trois variétés de paraméningocoques que j'ai désignés sous le nom d'α, β et γ.

Le *paraméningocoque* α se caractérise par une culture analogue à celle du méningocoque et par sa coagglutinabilité fréquente avec le sérum antiméningococcique. Il est de plus extrêmement virulent, et, chez l'homme, ses manifestations infectieuses restent un caractère de gravité plus élevé que celles dues au méningocoque. C'est aussi le plus fréquent.

Le *paraméningocoque* β se différencie des deux autres par

une culture très visqueuse et surélevée au dessus du milieu solide sur lequel on l'implante.

Le *paraméningocoque γ* présente une culture plus riche et les colonies sont plus plates.

L'épreuve de la saturation des bactériolysines, appliquée à ces recherches, a permis de confirmer pleinement les données précédentes.

Note au sujet du méningocoque et des paraméningocoques (*Société Médicale des Hôpitaux*, 12 octobre 1917).

Les trois variétés que MM. Nicolle, Debains et Jouan ont ultérieurement désignées sous les noms de : méningocoques B, C et D (le méningocoque A représentant le méningocoque type) sont les paraméningocoques α, β et γ que j'avais nettement isolés autrefois.

Leur fréquence, depuis que la guerre a éclaté, motive actuellement les modifications proposées pour la préparation du sérum antiméningococcique.

Jusqu'en 1914, le méningocoque type était largement prédominant et les paraméningocoques l'exception. C'est d'ailleurs cette considération qui m'avait incliné à penser qu'il fallait continuer à préparer un sérum monovalent, pour éviter de faire perdre à la grande majorité des malades le bénéfice d'une thérapeutique spécifique, reconnue efficace par tous ; il fallait estimer alors que, dans l'espèce, trop de « *polyvalence* » devait faire redouter une « *moindre valence* ». Mais, actuellement, les conditions sont changées, les « paraméningocoques » sont au moins aussi fréquents, du moins dans certaines régions, que le méningocoque type ; il paraît donc maintenant nécessaire de modifier la préparation et l'application du sérum, comme le demandent M. Netter et M. Martin, tant que les conditions actuelles n'auront pas varié.

Épidémiologie.

Étiologie et prophylaxie de la méningite cérébro-spinale épidémique (Gazette des Hôpitaux, 19 mai 1905). — Prophylaxie de la méningite cérébro-spinale épidémique (avec M. Boidin) *Journal médical français*, 15 février 1910).

Ces travaux ont eu pour but de vulgariser les notions récemment acquises sur l'épidémiologie et la prophylaxie de la méningite cérébro-spinale.

Recherche du méningocoque dans les fosses nasales (avec M. Raymond Koch) (*Presse médicale*, 31 octobre 1908).

Ce travail a eu pour objet d'établir les bases de la prophylaxie destinée à enrayer les foyers épidémiques de méningite cérébro-spinale. Il montre que l'épidémiologie et la prophylaxie de cette affection gravitent autour de la présence et de la persistance du méningocoque dans le naso-pharynx.

Pour déceler les porteurs de méningocoques qui se trouvent dans l'entourage des malades, ou même à distance, il faut avoir recours au laboratoire. Ce dernier doit donc utiliser une technique sûre, qui est exposée dans ce mémoire.

Technique des prélévements de mucus. — C'est dans le rhino-pharynx et non dans les fosses nasales antérieures que le méningocoque se cantonne de préférence ; c'est là qu'il faut aller le chercher pour l'y trouver. Le prélèvement s'opère avec un écouvillon recourbé qui pénètre dans le rhino-pharynx et recueille le mucus suspect.

Recherche et identification. — L'examen microscopique direct ne donne aucune indication nette. Il faut ensemencer à l'aide d'une anse triangulaire le mucus sur boîtes de Petri contenant de la gélose-ascite. Porter les boîtes à l'étuve à 37° ; 24 heures après, examiner les colonies.

S'il s'agit d'un coccus en grain de café ne prenant pas le gram, ensemencer la colonie suspecte sur tube d'agar-ascite. Prélever une parcelle de la culture qui aura poussé le lendemain pour la soumettre, d'une part, à l'agglutination du sérum antiméningococcique dilué à 1/100, d'autre part, aux fermentations sucrées sur lévulose, glucose et maltose.

Ce n'est qu'après avoir effectué ces épreuves qu'on peut, d'après les caractères fermentatifs et agglutinatifs observés, déclarer la présence ou l'absence de méningocoques dans le rhino-pharynx.

Contribution à l'étude épidémiologique et prophylactique de la méningite cérébro-spinale (avec M. Job) (*Hygiène générale et appliquée*, novembre 1918).

Relation de deux petites épidémies de méningite cérébro-spinale survenues dans les garnisons de Douai et de Boulogne. Exposé des données les plus récemment acquises sur l'épidémiologie de cette affection; à cet égard, le rôle des porteurs de germes dans la propagation du méningocoque d'homme à homme est envisagé au point de vue général, et, d'autre part, au point de vue de l'épidémie étudiée.

Exposé des mesures prophylactiques prises d'après ces dernières nouvelles : isolement des malades, isolement des suspects et des porteurs de germes. L'opportunité de la désinfection est discutée.

Enfin, on pouvait espérer enrayer la propagation du méningocoque en désinfectant le rhino-pharynx des sujets qui en étaient porteurs; mais présentant peu de résistance *in vitro* à l'action des antiseptiques, ce germe est difficilement accessible à ces derniers quand il s'agit de l'atteindre dans le rhino-pharynx; les essais effectués à l'aide de substances diverses sont restés négatifs.

La contagiosité de la méningite cérébro-spinale(*Presse
Médicale*, 17 décembre 1913).

La question de la contagiosité de la méningite cérébro-
spinale, affirmée autrefois par L. Laveran, a subi des vicissi-
tudes diverses: le pouvoir de transmissibilité de cette affection
a suscité et suscitait encore de longues discussions : à côté des
contagionnistes, certains auteurs, imbus du principe de la
genèse autochtone des maladies épidémiques, continuaient à
refuser à la méningite cérébro-spinale tout pouvoir contagieux.

Cette opinion était de nature à faire perdre aux aggloméra-
tions qui s'y trouvaient exposées le bénéfice de la partie la
plus importante de la prophylaxie. Aussi ai-je cru bon de dis-
cuter la question dans ses détails, et d'apporter des arguments
en faveur de la propagation évidente de l'infection d'homme à
homme.

On trouve en effet les preuves les plus nettes de la contagiosité de la méningite cérébro-spinale dans l'étude de l'évolution générale des épidémies ; on les voit suivre les déplace-
ments humains et se fixer à certains régiments qui les ont en-
traînées avec eux d'une région à l'autre, et l'ont semé partout
où ils ont passé.

L'évolution des épidémies observées dans une localité parle
dans le même sens. De plus, au cours d'une épidémie, la méningite atteint les sujets qui ont des rapports avec les foyers
en évolution.

Les cas qui surviennent dans une localité indemne à la suite
de l'arrivée de malades atteints de cette affection en constituent
encore une preuve irréfutable ; il en est de même des cas inté-
rieurs observés dans les services d'hôpital où l'isolement n'a
pas été réalisé, de même aussi chez les médecins, les infirmiers
appelés à soigner les malades.

D'ailleurs le pouvoir de transmissibilité s'est éclairé d'un
jour nouveau depuis la notion de la rhino-pharyngite à mé-

ningocoques, précédant l'éclosion de la méningite. Le germe se trouve ainsi en communication directe avec les milieux extérieurs à l'occasion des éternuements, des secousses de toux, de la parole, etc., et peut se transmettre d'un individu à un autre.

Malgré cette donnée dont l'acquisition nouvelle semblait devoir entraîner la conviction, le scepticisme était la règle générale, et les non-contagionnistes faisaient à la doctrine de la contagion les objections suivantes.

En maintes circonstances, la méningite se manifeste sous forme d'atteintes clairsemées sans tendance à s'épidémiser, et il n'existe entre elles aucun lien apparent capable de prouver la contagion. Pour expliquer cette dissémination, les non-contagionnistes invoquent l'influence prédominante des facteurs météorologiques, autrement dit la genèse autochtone.

La méningite évolue bien souvent en effet sous le mode sporadique. Mais la fièvre typhoïde, la diphtérie, la dysenterie, etc., peuvent évoluer sous ce même mode, et on ne leur dénie pas le caractère de contagiosité. D'autre part, s'il n'est pas toujours possible de découvrir les liens qui unissent les atteintes disséminées, rien ne prouve que ces liens n'existent pas. Or, comme pour la scarlatine, etc., il existe, à côté des formes cliniques les plus avérées, des formes frustes qui passent inaperçues, puis des porteurs de germes, c'est-à-dire des sujets atteints de rhino-pharyngite sans méningite consécutive, semant autour d'eux le germe spécifique au même titre et même plus aisément que les méningitiques. Ce sont ces porteurs de germes qui constituent les liens insaisissables par l'examen clinique, mais saisissables par les examens bactériologiques. Témoin les faits rapportés par M. Vaillard à l'occasion de l'épidémie d'Evreux.

Il est vrai que le rôle de ces porteurs de germes n'est pas admis par les non-contagionnistes.

Pour eux, le méningocoque est un germe banal qui peut

se rencontrer à l'état saprophytique dans le rhino-pharynx de nombreux sujets sains, même en dehors de toute période épidémique. Germe ubiquitaire dont la pullulation et la virulence se manifesteraient à l'occasion des causes secondes invoquées par la doctrine de l'autogénèse.

J'ai démontré dans ce travail que l'ubiquité du méningocoque n'existait pas ; tout d'abord, c'est au voisinage des malades qu'on en rencontre en plus grand nombre; de plus, là où il n'existe pas d'épidémie de méningite, du moins dans les milieux non exposés à la contagion, il n'existe pas de porteurs de méningocoques. Enfin, dans un milieu épidémique, on peut, à l'arrivée d'un porteur, suivre l'éclosion des cas de rhino-pharyngite au fur et à mesure de leur éclosion, et se rendre un compte exact de leur pouvoir contagieux.

Par conséquent le méningocoque décelé dans le rhino-pharynx des sujets sains n'est pas un germe banal et ubiquitaire, mais spécifique et de provenance contagieuse.

Les non-contagionnistes prétendent encore que ce germe des porteurs sains est inoffensif pour le sujet lui-même et son entourage.

L'expérience prouve qu'un porteur de germes peut parfaitement contracter une méningite.

De plus, nombreux sont les cas d'importation de méningite dans une localité indemne, à la suite de l'arrivée d'un porteur sain.

Les porteurs de germes jouent donc un rôle important dans la propagation de la méningite cérébro-spinale.

D'ailleurs l'examen approfondi de cette question m'a conduit à envisager la contagiosité et, d'une façon plus générale, l'épidémiologie de la méningite cérébro-spinale suivant la conception suivante.

La propagation s'effectuant grâce à la rhino-pharyngite méningococcique qui précède la méningite, l'accompagne, la suit, ou peut évoluer sans méningite consécutive, cette rhino-pharyngite apparaît comme la véritable maladie contagieuse et épidémique : autrement dit, *il n'existe pas, à vrai dire, d'épidémies de méningite cérébro-spinale, mais bien des épidémies de rhino-pharyngite méningococcique* se compliquant parfois de méningite. *Et dans le foyer créé par la rhino-pharyngite* (porteurs de germes), *les atteintes méningées éclatent pour ainsi dire sans ordre*, au hasard des défaillances *plus ou moins marquées des organismes, où le germe spécifique s'est implanté par contagion.* C'est ce qui explique la dissémination irrégulière des atteintes de méningite et l'absence *apparente* de tout lien capable de les réunir.

Bref, *les porteurs de germes doivent être considérés comme les anneaux d'une chaîne ininterrompue qui relie, dans une même agglomération, et même à distance, les cas de méningite cérébro-spinale paraissant les plus indépendants les uns des autres.*

Quant à la « complication méningée », elle est conditionnée certainement par l'influence des causes secondes que, loin d'écarter, il faut faire intervenir dans son éclosion.

Epidémiologie de la méningite cérébro-spinale (*Annales d'Hygiène publique*, 1918, sous presse).

Ce dernier travail met au point les caractères généraux et particuliers, la marche, l'allure des épidémies de méningite cérébro-spinale d'après les observations des auteurs, ainsi que d'après mes constatations personnelles.

Il en envisage les causes étiologiques (cause déterminante, spécifique, et causes occasionnelles) ; il étudie la propagation en prenant pour base cette conception que la rhino-pharyngite méningococcique est la détermination contagieuse habituelle du méningocoque et que les épidémies de méningite sont en réalité des épidémies de rhino-pharyngite, compliquées parfois de localisations méningées du virus. Il en découle des données importantes au point de vue de la prophylaxie.

Sérothérapie antiméningococcique.

Tous les travaux dont l'énumération suit ont eu pour but d'obtenir un sérum thérapeutique destiné à lutter contre les effets pathogènes du méningocoque. On y trouve le résultat de toutes mes recherches personnelles concernant la préparation du sérum, le mode de vaccination des chevaux, les propriétés biologiques du sérum, ses qualités thérapeutiques, son mode d'action, son dosage, la recherche des causes des insuccès de la sérothérapie et des moyens destinés à y remédier.

Propriétés biologiques du sérum antiméningoccoccique.

Action antiendotoxique du sérum antiméningococcique préparé par inoculation intraveineuse de cultures vivantes de méningocoques (*Soc. de Biologie*, 15 mai 1909).

Les premiers auteurs qui ont fait des tentatives de préparation de sérum antiméningococcique ont procédé à des inoculations chez le cheval de cultures mortes, puis vivantes, et en même temps d'extraits autolytiques de cultures. C'était, à leur avis, la seule façon d'obtenir à la fois un sérum antimicrobien et antitoxique.

Or, le méningocoque ne secrète pas de toxine soluble, mais contient, fixé au corps microbien, un produit toxique dont il se libère lors des macérations faites dans l'eau distillée ; c'est une endotoxine, toxique pour l'animal. En introduisant des corps microbiens dans l'organisme du cheval, il était à présumer que les phagocytes engloberaient et digèreraient le germe et son endotoxine ; par conséquent il devait se former dans le sérum des anticorps destinés à annihiler l'un et l'autre. L'expérimentation a complètement confirmé ces données.

Les résultats obtenus par ces recherches ont été le point de

départ d'une technique personnelle dans la préparation du sérum antiméningococcique et l'immunisation des chevaux. Au
point de vue thérapeutique, chez l'homme, la supériorité du
sérum ainsi obtenu s'est montrée incontestable.

**Pathogénie des accidents observés au cours de l'immu-
nisation des chevaux contre le méningocoque** (avec
M. BRIOT) (*Société de Biologie*, 2 juillet 1916).

Chez certains chevaux, immédiatement après, ou même
pendant l'injection vaccinante, l'animal présente comme du
vertige, il titube, et se rétablit bientôt. Parfois les troubles
sont plus graves : après quelques contractures, il perd l'équilibre, s'affaisse sur le sol, présente une dyspnée intense, des
convulsions ; puis tous ces phénomènes rétrocédent petit à
petit ; enfin, ces accidents peuvent se terminer rapidement
par la mort.

Ces phénomènes étaient à rapprocher de ceux qu'on obtient
chez le cobaye, à la suite de l'injection intraveineuse d'un mélange lytique de sérum et de méningocoques ; je les ai assimi-
lés aux accidents de l'anaphylaxie microbienne passive ; j'ai
supposé que l'injection de méningocoques amenait dans le sérum du cheval la production d'une lysine à la faveur de laquelle
le corps microbien mettait en liberté immédiate une substance
toxique provoquant les accidents relatés.

**Moyen de prévenir les accidents observés chez le cheval
en cours d'immunisation antiméningococcique** (avec
M. BRIOT) (*Soc. de Biologie*, 10 déc. 1910).

Les données précédentes nous ont conduit à trouver un procédé capable d'éviter ces accidents, très préjudiciables à la
préparation régulière et à l'approvisionnement du sérum.

Ce procédé, calqué sur celui des vaccinations subintrantes
de Besredka, destinées à éviter les accidents d'anaphylaxie

sérique, est le suivant : injecter tout d'abord une dose incapable de provoquer des accidents, puis une heure après injecter le complément de la dose totale. L'application pratique de cette méthode a donné d'excellents résultats.

Précipitines méningococciques et co-précipitines (*Soc. de Biologie*, 20 juin 1909).

Quand on met en présence d'un extrait autolytique de méningocoques bien authentiques une minime quantité de sérum antiméningococcique, il se produit, à la température du laboratoire, un précipité dont l'abondance varie avec la quantité de sérum ajouté. Cette réaction se montre aussi avec les extraits, non seulement des méningocoques, mais des pseudo et des paraméningocoques, bien qu'à une plus faible intensité.

La recherche de la nature de ces précipités ne pouvait être faite qu'en réalisant *l'absorption* des précipitines.

L'expérience prouve que, pour les germes étrangers au méningocoque, il s'agit de co-précipitines et non de précipitines spécifiques.

Action bactériolytique du sérum antiméningococcique (avec M. BRIOT) (*Soc. de Biologie*, 2 juillet 1910).

On émulsionne dans 20 centimètres cubes d'eau physiologique une culture de méningocoques sur gélose en boîte de Roux ; on en mélange 1 cc. avec 1 cc. de sérum antiméningococcique *non chauffé*. Ce mélange est injecté immédiatement dans la veine jugulaire d'un cobaye *neuf*. Quelques secondes après, l'animal présente quelques secousses, titube, se couche sur le côté. Au bout de quelques minutes, il se relève, marche difficilement, puis il semble se remettre complètement ; au bout d'une demi-heure, des secousses se produisent à nouveau, la respiration s'embarrasse, et la mort survient dans un délai de quelques heures.

Ces faits s'expliquent par le pouvoir bactériolytique très marqué du sérum qui détruit le microbe avec lequel il a été porté au contact, mettant en liberté une substance toxique étrangère à la toxine.

Il s'agit là sans doute de phénomènes d'anaphylaxie microbienne passive.

A remarquer en outre que si l'injection microbienne précède, même de quelques minutes, l'injection de sérum, ces accidents ne se produisent pas, car les méningocoques ont déjà, dès ce moment, été englobés par les phagocytes, et sont à l'abri de l'action directe du sérum.

Action bactériolytique comparée du sérum antiméningococcique sur le méningocoque et les germes similaires (*Soc. de Biologie*, 10 déc. 1910).

Les expériences précédentes ont été répétées avec les pseudo et les paraméningocoques et le gonocoque.

Ces divers germes se comportent vis-à-vis du sérum antiméningococcique d'une façon assez analogue : mais la dose de sérum-virus capable de provoquer chez le cobaye une mort foudroyante avec le méningocoque, ne détermine qu'une crise légère avec les germes similaires. Les accidents constatés sont donc de même nature, la différence ne portant que sur leur intensité.

Par conséquent, la spécificité du phénomène ne présente pas un caractère absolu ; mais peut-être n'est-elle relative qu'en apparence. C'est ce que la publication suivante a démontré.

Le pouvoir lytique du sérum antiméningococcique est-il spécifique ? (*Soc. de Biologie*, 17 déc. 1910).

Pour expliquer le phénomène précédent, il y a sans doute lieu d'invoquer l'action des bactériolysines. Celles-ci sont-elles spécifiques, ou ne s'agit-il que de bactériolysines de groupe ?

On « épuise » le sérum antiméningococcique par les divers germes : méningocoque et germes similaires. On recueille le sérum impressionné par le contact prolongé avec les cultures d'espèces différentes, et on répète, en les croisant, les expériences précédemment décrites à l'aide de chaque sérum ainsi traité.

Le sérum épuisé par le méningocoque ne possède plus aucune action contre une culture de ce germe; au contraire, le sérum impressionné par l'un ou l'autre des germes similaires (pseudo et paraméningocoques-gonocoque) garde vis-à-vis du méningocoque son pouvoir lytique; il a donc conservé libre la lysine spécifique, alors que, dans le 1er cas, elle avait été absorbée par les éléments microbiens.

Il en résulte que le caractère relatif de la spécificité bactériolytique du sérum antiméningococcique n'est qu'apparent, et, des lysines dont l'effet a été décrit, celle qui agit sur le méningocoque est bien spécifique, les autres font partie de la catégorie des co-bactériolysines ou bactériolysines de groupe. C'est la première fois que cette dissociation a pu être mise en évidence.

La sérothérapie antiméningococcique appliquée à la méningite cérébro-spinale.

La sérothérapie antiméningococcique dans 196 cas de méningite cérébro-spinale épidémique (Soc. Médicale des hôpitaux, 2 juillet 1909).

Ce travail fait connaître les résultats obtenus depuis les premiers essais de sérothérapie antiméningococcique tentés en France avec le sérum préparé par mes soins à l'Institut Pasteur. Il établit le bilan des observations publiées jusqu'à ce jour, et celles encore inédites, dont mes collègues civils et militaires ont bien voulu me communiquer les résultats.

J'ai eu connaissance à cette époque de 196 cas de méningite cérébro-spinale traités par la nouvelle méthode, provenant de toutes les régions de France, et revêtant des caractères de gravité différents.

31 décès se sont produits, soit une mortalité globale de 15,86 p. 100.

Déjà, à cette époque, j'ai cru devoir attribuer ces heureux effets à la technique personnelle que j'avais utilisée pour la préparation du sérum. Ces résultats m'ont conduit à poursuivre l'emploi de ce procédé que j'ai continué à utiliser depuis lors.

Ce travail mentionne encore les avantages de la sérothérapie, reconnus par l'atténuation rapide des symptômes après les premières injections de sérum. Enfin, il envisage les principales causes des insuccès observés, en insistant sur sa moindre efficacité quand on se trouve en présence de formes septicémiques ou hypertoxiques, de même aussi quand les lésions intéressent des territoires peu ou pas accessibles au contact du sérum (lésions de la convexité, abcès cérébraux sous-méningés, encéphalite non suppurée sous-corticale). L'idée est dès lors émise, dans certains cas particuliers, d'introduire directement le sérum dans l'espace cérébral sous-arachnoïdien après trépanation.

Les acquisitions récentes sur la méningite cérébro-spinale épidémique (Epidémiologie. Sérothérapie) (Congrès de l'Association française pour l'avancement des Sciences, Lille, 1909). — *Technique des injections de sérum antiméningococcique* (Progrès Médical, 23 avril 1909). — *Les données nouvelles sur la méningite cérébro-spinale et son agent spécifique. Sérothérapie* (Bulletin de l'Institut Pasteur, novembre et décembre 1909). — *Le traitement de la méningite cérébro-spinale épidémique* (Conférence à la Société de l'Internat, février 1910). — *Prophylaxie et traitement de la méningite cérébro-spinale,* (avec M. BOIDIN) (Journal Médical français, 15 février 1910). — *Le sérum antiméningococcique* (*Annales de l'Institut Pasteur*, 15 février 1910). — *Sérothérapie antiméningococcique* (Volume des Médicaments microbiens, Bibliothèque de thérapeutique de GILBERT et CARNOT, 1912).

Immunisation des chevaux. — La préparation du sérum est riche et fertile en incidents qui rendent la technique difficile :

On injecte d'abord sous la peau l'émulsion microbienne vivante, provenant de 1, puis 2 tubes d'agar. Les injections sont ensuite pratiquées tous les sept jours dans les veines à doses croissantes.

Les réactions des chevaux ont été exposées plus haut (page 79), mais sur les réactions banales qui suivent chaque injection sous-cutanée et intraveineuse se greffent des accidents de toute autre nature, qui semblent devoir être rapportés à l'anaphylaxie microbienne (voir pages 79 et 80 où l'on trouve leur pathogénie et les moyens de les éviter).

Propriétés biologiques. — Nul besoin d'insister à nouveau sur l'étude complète des *agglutinines, précipitines, bactériolysines*, spécifiques et « de groupe » (voir pages 80, 81, 82).

Le pouvoir *sensibilisateur* a été étudié d'une façon détaillée, à l'aide de la technique ancienne de Bordet-Gengou; il en résulte que la fixation du complément ne s'obtient, vis-à-vis du méningocoque, qu'avec le sérum antiméningococcique; elle est nulle quand, en présence du méningocoque, on fait agir les sérums antistreptococcique, antigonococcique, etc.

Nulle encore quand on assure le contact du sérum spécifique avec des germes étrangers au méningocoque.

Toutefois la réaction est positive également quand on emploie les paraméningocoques.

Le *pouvoir antimicrobien* est prouvé tout particulièrement par les expériences où les bactériolysines ont été mises en évidence par l'épreuve dite du péritoine, exposée plus haut (pages 65 et 66).

Traitement de la méningite cérébro-spinale. — Son efficacité dans le traitement de la méningite repose sur les données suivantes :

I. Diminution de la mortalité. — La méningite cérébro-spinale est une affection grave dont la léthalité est en général très élevée.

Or, dans les cas où la méningite cérébro-spinale bénéficie de la sérothérapie, la mortalité subit une diminution considérable.

J'ai réuni tous les cas parvenus à ma connaissance, qui ont été traités par le sérum préparé à l'Institut Pasteur au cours des épidémies de 1909, 1910, 1911.

882 atteintes survenues en diverses régions de France ont été recueillies. En certaines localités, la sérothérapie a été employée systématiquement chez tous les malades ; en d'autres, les praticiens n'y ont eu recours que dans les cas graves et désespérés.

Or, ces 882 cas ont fourni 129 décès, soit un mortalité globale de 14,5 p. 100. De ces atteintes, on peut légitimement défalquer les cas où le sérum a été injecté *in extremis* et où le malade a succombé quelques heures après l'injection (28 cas), ceux où les malades ont succombé par suite d'affections étrangères à la méningite, les phénomènes méningés ayant complètement rétrocédé (4 cas) ; soit : 32 cas qu'on peut éliminer de la statistique. Restent donc 850 cas dont 97 se sont terminés par la mort.

La mortalité globale atteint donc 14,5 pour 100, et la mortalité rectifiée 11,7 p. 100.

La comparaison de ce pourcentage avec celui des atteintes non traitées par la sérothérapie à la même époque (65 p. 100 approximativement) est suffisamment éloquente pour qu'on puisse croire à l'efficacité du sérum.

II. Atténuation des divers symptomes dans chaque cas particulier. — En général, 24 ou 48 heures après une ou plusieurs injections de sérum, on observe une sédation très nette de la plupart des symptômes ; la fièvre diminue, l'intensité du signe de Kernig, de la raideur de la nuque s'atténue de même, mais ces symptômes persistent encore assez longtemps et survivent, mais plus légers, à la guérison clinique de la méningite. Les autres symptômes subissent une rétrocession analogue. L'état général s'améliore parallèlement, les phénomènes toxémiques disparaissent progressivement.

Enfin, l'amélioration qui se produit peut s'apprécier d'une façon précise par l'*examen du liquide céphalo-rachidien*, qui permet de suivre journellement la rétrocession graduelle des lésions méningées (page 97).

Ce liquide se clarifie progressivement, les lymphocytes font place petit à petit à la lymphocytose ; les méningocoques disparaissent par bactériolyse ; la culture devient négative.

III. RÉDUCTION DE LA DURÉE DE LA MALADIE. — La rapidité habituelle de l'action du sérum entraîne une réduction notable de la durée des symptômes méningés. D'une façon générale, à part quelques formes rebelles qui se prolongent plusieurs semaines, la durée de la maladie n'excède pas huit à douze jours.

De plus, la convalescence est beaucoup plus courte que dans les cas non traités par le sérum.

IV. DIMINUTION DE LA PROPORTION DES SÉQUELLES. — Cette rapidité dans la rétrocession des troubles méningés entraîne une autre conséquence : c'est la rareté des séquelles, l'application du sérum ne leur laissant pas, en général, le temps de se développer.

Depuis la sérothérapie, leur proportion s'est beaucoup réduite : 6,70 p. 100, d'après ma statistique. Et encore est-il juste d'ajouter que la plupart de ces séquelles surviennent à la suite des lésions déjà établies avant que les malades n'aient été traités par le sérum.

Mode d'emploi du sérum antiméningococcique. — Il ne suffit pas d'employer la sérothérapie antiméningococcique pour guérir ses malades, *il faut savoir l'appliquer.*

Voie intrarachidienne. — Tout d'abord, *le sérum doit être mis en contact direct avec les lésions anatomiques*, et, dans la plupart des cas, être introduit *dans les espaces sous-arachnoïdiens par la voie rachidienne.*

Lois générales concernant le mode d'administration du sérum. — Le succès de la sérothérapie antiméningococcique dépend en grande partie de la façon dont le traitement a été conduit. Deux facteurs essentiels entrent en ligne de compte pour l'assurer : la *dose* et la *répétition des doses.*

A. Doses. — Nécessité d'injecter des doses élevées : chez un adulte, il faut injecter au moins 20 centimètres cubes, et dans la grande majorité des cas, surtout s'il s'agit de formes graves, il ne faut pas hésiter à injecter 30 à 40 et même 45 centimètres cubes de sérum.

Chez l'enfant, même au-dessous d'un an, il est facile d'injecter 10, 15, 20 et même 30 centimètres cubes.

B. Répétition des doses. — Sauf dans les atteintes légères, il est rare qu'une seule injection, même à doses élevées, soit capable de juguler complètement la maladie. Après une seule injection, tous les symptômes peuvent s'atténuer au point que l'on juge inutile une nouvelle intervention : on croit le malade guéri ; mais, dès le lendemain, ou le surlendemain, une recrudescence de la température et des phénomènes méningés se déclare ; de nouvelles injections sont nécessaires.

Règles concernant la conduite a tenir. — Après avoir injecté systématiquement pendant 3 et 4 jours consécutifs le sérum thérapeutique, il faut, en vue des injections ultérieures, baser l'intervention sur l'ensemble des symptômes observés, mais aussi et surtout sur l'aspect macroscopique et microscopique du liquide céphalo-rachidien, qu'il y a lieu d'examiner fréquemment. « Il faut suivre son malade, *l'aiguille à ponction lombaire à la main et l'œil sur le microscope, et renouveler les injections tant que le méningocoque persiste.* »

Mode d'action du sérum antiméningococcique. — Introduit par la voie rachidienne, et mis ainsi en contact avec les méninges, le sérum antiméningococcique agit : 1° directement sur les lésions méningées; 2° à distance sur l'organisme en général.

ACTION DIRECTE SUR LES LÉSIONS MÉNINGÉES. — On se rend compte aisément des phénomènes régressifs, qui se produisent au niveau des méninges après les injections de sérum, par les modifications signalées plus haut du liquide céphalo-rachidien.

D'où l'on a conclu que le sérum agissait par bactériolyse directe.

On peut tout aussi bien supposer que le sérum agit en excitant la phagocytose, après avoir provoqué un appel de polynucléaires intacts : on en trouve la preuve dans les cas où les méningocoques extracellulaires sont décelés, le lendemain, dans l'intérieur des leucocytes.

Le sérum semble présenter aussi un pouvoir neutralisant sur l'endotoxine mise en liberté dans le liquide céphalo-rachidien.

ACTION SUR L'ORGANISME EN GÉNÉRAL. — Grâce à la perméabilité connue de la méninge de dedans en dehors, le sérum passe dans la circulation et peut agir secondairement sur toutes les cellules de l'organisme, à la manière des autres sérums introduits sous la peau.

La diffusion dans la circulation générale est prouvée par la guérison des méningococcies, avec ou sans méningite, par le sérum injecté dans la cavité rachidienne (Netter). Le sérum lutte, en effet, avec la plus grande efficacité contre l'envahissement général du méningocoque et contre les phénomènes toxi-infectieux, dont il est facile de suivre l'atténuation progressive.

Cette action du sérum antiméningococcique présente un *caractère de spécificité non douteux*. Il est totalement inefficace vis-à-vis des germes qui sont étrangers au méningocoque, même vis-à-vis des paraméningocoques, malgré leur parenté très étroite avec le méningocoque vrai.

Après avoir rappelé les accidents dus au sérum et les moyens de les éviter, ce travail contient un chapitre nouveau sur le dosage du sérum antiméningococcique, rédigé d'après de très nombreuses expériences personnelles.

Dosage du sérum antiméningococcique. — La nécessité d'apprécier la valeur du sérum avant de l'employer pour les besoins thérapeutiques s'impose. Mais, contrairement à ce qu'on a l'habitude d'observer pour le titrage des autres sérums connus, tous les auteurs se sont heurtés à des difficultés presque insurmontables.

J'ai étudié à cet effet divers procédés qui n'ont pas offert de garanties suffisantes pour qu'on soit sûr de la valeur du médicament suivant le titrage effectué : le titrage par mensuration du pouvoir anti-infectieux, ou par la fixation du complément, ou par la détermination du pouvoir antitoxique, n'ont pas donné les résultats qu'on pouvait espérer.

Un seul procédé m'a permis de fournir à cet égard une base au moins approximative et constante, c'est l'épreuve dite du péritoine chez le cobaye, modifiée pour le but poursuivi. Cette épreuve utilise des doses de cultures sûrement non mortelles qui ont l'avantage de provoquer chez l'animal des réactions toujours comparables à elles mêmes (page 66).

Elle permet, plus que toute autre, de se rendre compte du pouvoir antimicrobien (le plus important à apprécier) du sérum antiméningococcique.

Insuccès de la sérothérapie antiméningococcique, leurs causes, moyens de les éviter (*Paris Médical*, 5 août 1911).

Comme toute méthode thérapeutique, si active soit-elle, la sérothérapie antiméningococcique se heurte parfois à des échecs. Loin de les nier, je les ai mis en évidence pour chercher à y remédier.

Gravité de l'infection. — Un premier facteur d'insuccès provient de la haute gravité de certaines atteintes où, à la méningite, s'associent des phénomènes graves de septicémie avec éruption pétéchiale, des troubles viscéraux (bronchopneumonie, péricardite, néphrite, etc.) en rapport avec des localisations extraméningées du méningocoque.

Les échecs s'expliquent fort bien de même dans les atteintes foudroyantes. Il en est de même encore de ces formes ambulatoires qui évoluent silencieusement pendant plusieurs jours, au point que le malade, n'accusant aucun symptôme, continue à vaquer à ses occupations habituelles et ne se présente pas au médecin. Puis, brusquement, il tombe dans le coma et meurt au bout de quelques heures.

Age des malades. — Autre facteur important. La mortalité atteint son maximum chez les nourrissons, diminue progressivement dans les années suivantes pour atteindre son minimum vers l'âge de dix ans.

Tares antérieures. — Le rôle défavorable des tares antérieures est indéniable. Les tares rénales, hépatiques, nerveuses, etc., sont un obstacle à l'action bienfaisante de cette médication. Il en est de même de la misère physiologique, de l'état de surmenage chronique, facteurs qui déterminent une diminution de la résistance générale de l'organisme.

Moment de l'intervention. — Le sérum agit d'autant mieux qu'il est injecté aux malades de meilleure heure. D'où cette règle qu'on doit intervenir le plus tôt possible après l'apparition des premiers symptômes. Plus le traitement est

différé, plus les lésions ont le temps de se constituer, de s'é-
tendre, de s'aggraver, et plus l'organisme s'infecte et s'in-
toxique.

Insuccès dus à la technique de la sérothérapie. — Un
grand nombre d'insuccès sont dus à l'application défectueuse
de la sérothérapie, et à la méconnaissance des règles appro-
priées à l'utilisation du sérum. C'est faute de s'y conformer que
l'on s'expose à des échecs.

Lésions anatomiques particulières. — Les lésions que
présentent les méninges ne sont pas uniformément réparties à
la surface de tout l'axe cérébro-spinal.

Toutes les régions de ce dernier ne sont pas également accessibles au contact du sérum, quand il a été introduit par la voie
rachidienne, et l'on peut admettre que ce dernier atteindra
difficilement les régions corticales, surtout quand la quantité
injectée aura été insuffisante.

D'autre part, l'infection méningococcique ne se réduit pas
toujours aux lésions méningées : les *petits abcès* sous-pie-mé-
riens que l'on rencontre parfois ne peuvent être influencés
par le sérum. Il en est de même des *gros abcès* situés dans la
profondeur soit du cerveau, soit du cervelet.

En d'autres atteintes, on rencontre des foyers d'*encéphalite
hémorragique non suppurée* qui sont, comme les abcès, sous-
traits au contact du sérum.

De plus, les méningites prolongées offrent à considérer *certaines dispositions anatomiques* rendant compte des difficultés
qu'éprouve parfois le sérum à baigner uniformément l'axe
cérébro-spinal.

Il s'agit de la formation de tractus conjonctivo- ou fibrino-
purulents qui cloisonnent les espaces et les lacs sous-arachnoïdiens.

Ce cloisonnement peut se produire à divers étages du canal
rachidien, surtout au niveau de la base, où se forment, assez
fréquemment et d'une façon presque élective, des plaques

fibrino-purulentes qui s'organisent, occupant l'espace compris entre le bulbe et le cervelet; il peut en résulter une séparation globale entre les méninges spinales et les méninges cérébrales, rendant certains points de l'axe nerveux inaccessibles au contact du sérum.

Ces tractus qui compartimentent la cavité sous-arachnoïdienne peuvent, par un mécanisme identique, obturer les orifices ventriculaires (trous de Monro, de Luschka, de Magendie), et l'isoler complètement des ventricules avec lesquels, à l'état normal, elle communique librement. On observe alors le bloquage des ventricules, constituant un nouvel obstacle à la pénétration du sérum dans ces cavités.

Ces faits ont motivé de la part d'un certain nombre d'auteurs l'injection ventriculaire après trépano-ponction.

Causes microbiennes. — Une nouvelle cause non négligeable d'échecs de la sérothérapie antiméningococcique réside dans la nature des germes qui assurent l'inflammation des méninges.

Dans les méningites produites par les microbes habituels de la suppuration (staphylocoque, streptocoque, bacille pyocyanique, colibacille, coccobacille de Pfeiffer, etc.), il est bien évident que le sérum antiméningococcique ne présente vis-à-vis d'eux aucune spécificité.

Il en est de même des cas où ces bactéries s'associent à l'infection méningococcique, notamment quand la tuberculose méningée vient s'ajouter à l'action pathogène du méningocoque.

Enfin, l'activité du sérum reste nulle dans les méningites produites par les *pseudo-méningocoques*. Il en est de même avec les paraméningocoques. La sérothérapie antiméningococcique n'en est pas responsable, puisqu'elle ne s'adresse en aucune façon aux méningites produites par des germes étrangers au coccus de Weichselbaum.

Le moyen d'y remédier est d'utiliser un sérum spécifique contre ces germes particuliers (voir page 94).

Sérothérapie antiméningococcique et association du pneumocoque au méningocoque (*Soc. Médicale des Hôpitaux*, 27 mars 1914).

Pendant l'hiver 1914, le pneumocoque s'est montré très fréquent et très virulent dans ses manifestations habituelles. Il s'est souvent associé au méningocoque, intervenant à titre de complication au cours de la méningite cérébro-spinale ; ces cas d'association pneumococcique sont particulièrement graves, et quand le sérum est appliqué contre eux, il a bien raison du méningocoque, qui disparaît sous son influence, mais laisse intact le germe associé qui évolue pour son propre compte et entraîne fatalement la mort.

Ces faits expliquent l'élévation de la mortalité de la méningite cérébro-spinale dans certaines villes ou garnisons de province où régnait en même temps le pneumocoque.

Essais thérapeutiques des infections à paraméningocoques (*Société Médicale des Hôpitaux*, 15 juin 1912).

12 nouvelles observations de méningite paraméningococcique ont été recueillies ; le sérum antiméningococcique s'est montré inefficace comme dans les observations antérieures.

En deux de ces cas (septicémie paraméningococcique et méningite de même nature), la sérothérapie antiparaméningococcique a été appliquée avec succès ; les malades ont guéri. Le fait était encourageant, car l'infection produite par ce germe s'était toujours, avant l'emploi de ce sérum, terminée par la mort.

Depuis cette communication, l'occasion d'éprouver l'efficacité de ce sérum se présenta en maintes circonstances ; témoin des observations publiées par Barral, Coulomb et Couton, Widal et Weissenbach, Chevrel, Méry, Salin et Wiborts, Salin et Reilly, OEttinger et P. L. Marie, Ménétrier et Avezons, Stiassnie, Brodin et Pasteur, Vallery-Radot, Ravaut,

Floraud, etc., qui enregistrèrent, d'une façon générale, d'excellents résultats.

Voici, en résumé, comment les faits se présentent :

Un malade supposé atteint de méningite cérébro-spinale subit la ponction lombaire : liquide trouble, riche en polynucléaires, contenant un germe analogue au méningocoque. L'expertise est poursuivie en vue de sa détermination exacte.

Avant d'avoir la réponse du laboratoire, on pratique, par mesure de prudence, la sérothérapie antiméningococcique qui, répétée le lendemain et le surlendemain, n'amène aucune amélioration dans l'état du malade.

Le laboratoire annonce alors que le germe en cause est, non pas du méningocoque, mais du paraméningocoque.

On injecte alors du sérum antiparaméningococcique ; le tableau clinique se modifie alors rapidement, l'amélioration s'accuse nettement et s'oriente vers la guérison.

L'efficacité de la sérothérapie antiparaméningococcique est donc des plus évidentes ; elle s'oppose nettement chez le même malade à l'inefficacité du sérum antiméningococcique, utilisé dès le début. Son emploi et son succès sont subordonnés aux mêmes règles que la sérothérapie antiméningococcique.

Le seul reproche qu'on puisse faire à cette méthode (il est d'ailleurs justifié), c'est le retard apporté par l'obligation d'attendre l'identification complète du germe en cause, avant de pouvoir utiliser le médicament vraiment spécifique qui arrivera à le détruire.

Ces données nouvelles sont exposées dans le livre récemment paru : *Diagnostic et traitement de la méningite cérébro-spinale*. Un volume des Actualités médicales, 1917, 96 pages avec figures. (Paris. J.-B. Baillière et fils, édit.).

Diagnostic.

*Diagnostic bactériologique de la méningite cérébro-spinale à méningocoques (Société Médicale des Hôpitaux,*11 décembre 1908).

Pour faire le diagnostic de la méningite cérébro-spinale, on se contentait de l'examen clinique, que l'on complétait par l'étude cytologique du liquide céphalo-rachidien, puis par la constatation directe des germes après coloration. Quand on se trouvait en présence d'un coccus en grains de café, isolé ou en diplocoques, intra ou extracellulaires, décoloré par la méthode de Gram, on se croyait autorisé à affirmer l'existence du méningocoque.

J'ai attiré l'attention sur l'insuffisance de cette technique qui, faisant abstraction des cultures, ne permettait pas d'apposer une étiquette étiologique exacte, et de différencier le méningocoque des nombreux germes similaires qui lui sont, au point de vue spécificité, complètement étrangers.

Le diagnostic bactériologique complet doit donc être associé au diagnostic clinique.

Le liquide céphalo-rachidien est centrifugé ; le culot obtenu est examiné au microscope et ensemencé sur gélose-ascite. Mise à l'étuve à 37°. Examen des colonies que l'on réensemence en vue des épreuves suivantes qu'il importe de pratiquer.

a. Recherche des fermentations sucrées, à l'aide des milieux lévulosés, maltosés, glucosés.

b. Recherche de l'agglutination dans des tubes contenant 1 cc. d'une dilution de sérum antiméningococcique *non chauffé,* 1 cc. d'une même dilution de sérum normal de cheval, 1 cc. d'eau physiologique, ces derniers servant de témoins.

Ces épreuves combinées permettent de distinguer les différentes éventualités qu'on est appelé à observer :

1° méningites à méningocoque vrai seul.

2° méningites à pseudo-méningocoques seuls.

3° méningites à méningocoques associés à un pseudo-méningocoque, ou à un germe de la suppuration ordinaire.

4° méningites tuberculeuses associées au méningocoque, aux pseudo-méningocoques, etc.

A propos de la lymphocytose du liquide céphalo-rachidien dans la méningite cérébro-spinale (*Société Médicale des Hôpitaux*, du 14 mai 1909).

Quand on constate de la lymphocytose dans le liquide céphalo-rachidien des malades atteints de méningite cérébro-spinale, cette lymphocytose ne persiste habituellement pas ; la polynucléose s'y substitue le plus souvent, et tout particulièrement après la première injection de sérum, montrant peut-être ainsi une réaction salutaire de l'organisme.

Sur la précipito-réaction du liquide céphalo-rachidien. (*Société Médicale des Hôpitaux*, 21 mai 1909).

L'action précipitante du sérum antiméningococcique se fait sentir non seulement vis-à-vis du méningocoque, mais aussi vis-à-vis des germes similaires (diplococcus crassus notamment).

Le liquide céphalo-rachidien dans la méningite cérébro-spinale épidémique (*Progrès Médical*, 25 janvier 1910).

Le diagnostic clinique de la méningite cérébro-spinale est parfois difficile : formes anormales, ou ambulatoires, ou avortées, ou frustes ; ou bien on est appelé à observer un sujet dans le coma sans aucun renseignement anamnestique. Aussi ne doit-on pas hésiter à pratiquer l'examen cytologique et bactériologique du liquide céphalo-rachidien.

Ce travail a pour but d'exposer les données acquises, à cette époque, sur l'aspect microscopique du liquide céphalo-rachidien,

et sur l'interprétation qu'il faut donner des figures fournies par le microscope.

Le liquide céphalo-rachidien y est étudié dans ses réactions classiques et atypiques.

Réactions classiques. — A la période aiguë : polynucléose prédominante, cellules conjonctives pouvant faire fonction de macrophages, et contenir, comme les polynucléaires, des méningocoques. Ces méningocoques, de préférence intracellulaires, peuvent être extracellulaires. A cette période, le liquide céphalo-rachidien peut fixer le complément ; certaines réactions chimiques semblent constantes.

A la période de régression, on constate la diminution de la polynucléose, puis son remplacement progressif par la lymphocytose, enfin la disparition des méningocoques.

En cas de rechute, les cellules conjonctives réapparaissent, suivies bientôt de la polynucléose, et le cycle précédent recommence.

Réactions atypiques. — Le liquide céphalo-rachidien reste clair, et est caractérisé par la lymphocytose, malgré l'allure aiguë de l'affection. En d'autre cas, le liquide resté clair ou trouble ne contient aucun élément cellulaire, et ne montre à l'examen qu'une culture pure de méningocoques.

La connaissance de ces données est importante non seulement en raison du diagnostic à formuler, mais aussi en raison des bases qu'elles fournissent pour orienter le thérapeute lors de l'intervention sérothérapique. Les réactions cytologiques et bactériologiques constituent le reflet fidèle des altérations dont les méninges sont le siège.

Les symptômes et le diagnostic de la méningite cérébro-spinale épidémique (avec M. Boidin) (*Journal Médical français*, 15 février 1910).

Simple exposé des symptômes de la méningite cérébro-spinale. Diagnostic de la méningite par la clinique et par les examens de laboratoire, suivant les données nouvellement acquises.

Analyse bactériologique du liquide céphalo-rachidien (*Paris Médical*, 22 juin 1912).

Exposé de la technique à employer dans un cas de syndrome méningé pour en rechercher la cause étiologique (méningite tuberculeuse, septique, etc.).

Diagnostic étiologique de la méningite méningococcique (*Paris Médical*, 27 juillet 1912).

Exposé des méthodes déjà connues, suivi des deux suivantes qu'on peut utiliser lorsque l'examen du liquide céphalo-rachidien reste négatif. S'adresser alors à un moyen indirect : le *séro-diagnostic*. Celui-ci peut s'effectuer de deux façons différentes :

a. AGGLUTINATION. — Rechercher l'agglutination en mettant en contact le sérum du malade et un méningocoque conservé au laboratoire. La recherche doit s'effectuer au 1/40e ou au 1/50e. Elle ne donne d'indication nette que si elle est positive. Négative, elle ne peut faire éliminer l'hypothèse de méningococcie. Les agglutinines n'apparaissent dans le sérum qu'au huitième ou dixième jour de l'affection.

b. FIXATION DU COMPLÉMENT. — Elle peut s'effectuer de deux façons différentes :

1° En prenant comme antigène le liquide céphalo-rachidien que l'on met en contact avec du sérum antiméningococcique.

Dans 11 cas de méningite méningococcique en pleine évolution, la réaction s'est montrée positive 6 fois. Bruynoghe a trouvé la réaction positive dans tous les cas où le méningocoque était en cause, de même aussi en certains autres où le germe pathogène était un pseudo-méningocoque.

2° En mettant un méningocoque conservé au laboratoire en

contact avec le sérum du malade. Réaction très spécifique puisqu'elle ne se produit que si le méningocoque est le germe infectant (elle est négative même avec un germe très voisin, le paraméningocoque en particulier). Mais, comme l'agglutination, elle a le défaut d'être parfois tardive.

A vrai dire, ces épreuves doivent être considérées comme des procédés d'exception, auxquels il ne faut avoir recours que dans les cas où le méningocoque n'a pu être décelé, ni par l'examen direct, ni par les cultures.

A propos du diagnostic étiologique de la méningite céré-bro-spinale (Société médicale des Hôpitaux, 26 juin 1914). — Diagnostic bactériologique des méningites cérébrospinales à méningocoques et à paraméningocoques (Soc. médicale des Hôpitaux, 26 juin 1914) (avec M. PAURON).

Le diagnostic de ces deux espèces microbiennes et de ces deux variétés de méningite cérébro-spinale peut s'effectuer de la façon suivante :

On a préparé à l'avance du sérum antiméningococcique saturé par une culture de méningocoque, donc dénué d'agglutinines spécifiques pour ce germe. Puis sur un porte-tubes on dispose un tube d'eau physiologique, un tube de sérum normal à 1 p. 100, un tube de sérum antiméningococcique à 1 p. 100, un tube de sérum antiparaméningococcique à 1 p. 100. On y ajoute un tube de sérum antiméningoccique saturé par du méningocoque (solution à 1 p. 100).

Au bout de quelques heures de séjour à l'étuve à 37°, on observe les résultats :

S'il s'agit d'un *méningocoque*, l'agglutination est nulle dans l'eau physiologique et le sérum normal ; elle est positive avec le sérum antiméningococcique neuf ; elle peut être positive aussi avec le sérum antiparaméningococcique ; mais elle est négative avec le sérum antiméningococcique saturé (ce dernier a été en effet dépouillé de ses agglutinines spécifiques pour le méningocoque).

S'il s'agit au contraire d'un *paraméningocoque*, l'agglutination, nulle dans les 2 premiers tubes, peut être positive dans le 3e; elle l'est dans le 4e. Elle est également positive avec le sérum antiméningococcique saturé, car le méningocoque aura laissé en liberté les agglutinines du paraméningocoque.

En raison de la simultanéité des recherches, la réponse du laboratoire peut être donnée d'emblée, et le clinicien est renseigné rapidement.

ÉTUDES CYTOLOGIQUES

LEUR APPLICATION A LA CLINIQUE

Note sur l'étude cytologique des épanchements de diverses séreuses (avec M. Tanton) (*Société médicale des Hôpitaux*, 12 juillet 1911).

Étude faisant connaître, après les travaux de MM. Widal et Ravaut, les résultats obtenus à la suite des recherches cytologiques sur les liquides de pleurésie, d'hydrocèle, d'hydarthrose, d'ascite, de péricardite.

Les applications cliniques de cette méthode présentent un caractère pratique de la plus haute importance.

En ce qui concerne la *pleurésie* a frigore, dont la nature tuberculeuse est assurément la plus fréquente, le cytodiagnostic apporte un élément de certitude aux données parfois insuffisantes fournies par la clinique et les inoculations expérimentales. Il en est de même quand la tuberculose pleurale évolue à la faveur d'une infection quelconque. Il en est de même encore quand la plèvre participe à l'inflammation voisine du parenchyme pulmonaire (pleurésie métapneumonique), surtout si l'ensemencement du liquide exsudé reste stérile. Ici encore, la cytoscopie permet de lever des doutes.

La nature étiologique de l'*hydrocèle* peut être décelée par la même méthode : la formule cytologique est bien différente, suivant qu'il s'agit d'hydrocèle essentielle ou symptomatique, soit de tuberculose, soit de tout autre infection.

Dans l'*ascite*, le cytodiagnostic a encore son utilité ; la formule de l'ascite tuberculeuse est celle de la tuberculose des séreuses.

Pour ce qui est de l'*hydarthrose*, les conclusions que l'on peut tirer sont loin d'être aussi nettes ; de nouveaux examens doivent être pratiqués pour établir la valeur du cytodiagnostic des épanchements articulaires.

Ces constatations montrent, comme l'ont vu MM. Widal et Ravaut, les services importants que peut rendre au clinicien le cytodiagnostic des épanchements séreux : les caractères histologiques de leur contenu cellulaire constituent l'image fidèle des réactions inflammatoires que subissent les membranes séreuses sous l'influence des divers processus pathologiques.

Cytologie de la pleurésie rhumatismale (*Société de Biologie*, janvier 1902).

La formule cytologique de la pleurésie rhumatismale se montre identique à celle des pleurésies inflammatoires aseptiques. Il semble qu'elle soit en rapport avec un substratum anatomique constitué par la congestion pulmonaire sous-jacente.

Sur l'évolution et le rôle phagocytaire de la cellule endothéliale dans les épanchements des séreuses (avec MM. WIDAL et RAVAUT) (*Société de Biologie*, 10 juillet 1902), et *Gazette des Hôpitaux*, 29 juillet 1902).

La cellule endothéliale qui, à l'origine, n'est qu'une cellule conjonctive, se différencie ultérieurement quand elle est appelée à de nouvelles fonctions. Pour servir de revêtement aux nombreuses séreuses et remplir divers rôles physiologiques, notamment le rôle de glissement, elle s'aplatit et se soude aux cellules voisines. Elle conserve cette forme tant que la séreuse reste saine. Mais sous des influences pathologiques variées, elle se modifie ; dans les épanchements aseptiques, elle subit mécaniquement une desquamation qui l'entraîne dans le liquide exsudé ; elle reste accolée à plusieurs de ses congénères ; là elle ne réagit pas ; si un état inflammatoire de la séreuse survient, la cellule endothéliale joue un rôle très actif ; pour opérer la défense contre l'infection, elle se desquame, s'isole, prend la forme des gros mononucléaires dont elle arrive à partager les fonctions macrophagiques, et retourne ainsi probablement à son origine.

Bref, ses diverses modifications morphologiques s'exécutent pour lui permettre de faire face aux divers rôles éventuels qu'elle peut être appelée à remplir.

Cytologie du liquide céphalo-rachidien dans le zona (*Société médicale des Hôpitaux*, 19 juillet 1901).

Observation destinée à apporter une contribution à l'étude des réactions méningées dans le zona thoracique. Lymphocytose abondante du liquide céphalo-rachidien.

Le liquide céphalo-rachidien dans le coup de chaleur (*Société médicale des Hôpitaux*, 4 décembre 1903).

Mémoire montrant les réactions méningées observées dans le coup de chaleur, à l'occasion de nombreux cas survenus pendant l'été précédent.

Dans la plupart des cas, la ponction lombaire a été pratiquée et la cytologie du liquide céphalo-rachidien a été recherchée.

D'une façon générale, le coup de chaleur s'accompagne d'une réaction méningée manifeste. Celle-ci se révèle de la façon suivante :

Dans les formes graves et sévères, outre l'hypertension parfois considérable du liquide céphalo-rachidien, on constate, après centrifugation de ce dernier, une polynucléose prédominante, bientôt suivie d'une lymphocytose qui survit quelques jours aux troubles observés.

Dans les formes moyennes, l'hypertension est moindre, et l'on observe de la lymphocytose.

Dans les formes légères, peu ou pas d'hypertension ; la lymphocytose n'est pas constante.

Ces faits démontrent nettement l'existence d'une réaction méningée au cours du coup de chaleur ; ils expliquent la production de séquelles qu'on peut être appelé à constater, une fois la guérison obtenue.

Enfin la ponction lombaire s'est révélée, dans la circonstance, comme un procédé thérapeutique très efficace, pour amener le soulagement des malades et notamment la céphalée et la torpeur, symptômes prédominants.

Sur un cas de fièvre typhoide avec symptômes méningés. Cytodiagnostic négatif (*Soc. médicale des Hôpitaux*, 21 février 1902).

Observation d'un malade atteint de fièvre typhoïde, ayant présenté des phénomènes de pseudoméningite sans réaction du liquide céphalo-rachidien. Il s'agit seulement de méningisme, tel que l'a décrit Dupré.

Urticaire zoniforme. Lymphocytose du liquide céphalo-rachidien (*Société médicale des Hôpitaux*, 29 juillet 1904, et *Gazette des Hôpitaux*, 2 août 1904).

Un malade, quatre jours après une angine pultacée à streptocoques, présente une éruption ortiée bien caractérisée, à topographie segmentaire, accompagnée de quelques signes méningés frustes (céphalée, exagération des réflexes rotuliens, ébauche de trépidation épileptoïde et designe de Kernig, hyperesthésie cutanée). Une ponction lombaire montre un liquide céphalo-rachidien clair, sous tension et renfermant une grande quantité de lymphocytes.

Manifestations méningées décelées par la cytologie du liquide céphalo-rachidien au cours de la scarlatine, de la rougeole, de l'érysipèle de la face (*Société médicale des Hôpitaux*, 31 mars 1905).

A l'occasion d'une communication de M. Dufour sur les manifestations méningées au cours de la scarlatine, j'ai fait connaître le résultat de mes investigations en pareil cas, comme aussi au cours d'autres infections.

14 cas de scarlatine furent ainsi étudiés ; dans 5 d'entre eux, ne présentant que des symptômes nerveux d'ordre général : lymphocytose discrète ; dans 7 cas, réaction nulle ; dans 2 cas, où existaient des symptômes de méningite fruste, lymphocytose de moyenne intensité.

Dans 2 cas de rougeole et 1 cas d'érysipèle, mêmes constatations.

Ces faits donnent à penser qu'il faut sans doute chercher dans l'origine méningée la production de troubles nerveux, qui suivent assez fréquemment les maladies infectieuses, troubles oculo-pupillaires notamment, névrites optiques, etc.

Paralysie faciale au cours d'un érysipèle ambulant (*Progrès médical*, 30 novembre 1907).

Quelques jours après l'apparition d'un érysipèle ambulant ayant débuté par la face du côté gauche, à une période où ceux-ci avaient quitté le domaine du visage, des symptômes frustes de méningite surviennent, accompagnés de paralysie faciale supérieure gauche, de paralysie de l'hypoglosse du même côté, et de mydriase droite. Une ponction lombaire donne issue à un liquide céphalo-rachidien clair, et contenant de nombreux lymphocytes mêlés à quelques polynucléaires, réaction manifeste d'une irritation méningée.

Cette observation devait être signalée pour sa rareté d'abord, puis en raison de ce fait qu'elle explique certains points obscurs des paralysies consécutives à l'érysipèle, qu'on avait tendance à attribuer à l'imprégnation du tissu nerveux par les toxines du streptocoque.

La lymphocytose rachidienne montre qu'en certains cas il faut faire intervenir dans leur pathogénie une réaction méningée, dont l'origine toxique ne semble pas discutable.

Les épanchements puriformes aseptiques de la plèvre
(*Paris Médical*, 22 novembre 1913).

Clinique médicale du Val-de-Grâce, destinée à faire connaître ces épanchements, leur diagnostic, leur pronostic, d'après une série de malades observés dans mon service.

A côté des épanchements vraiment purulents de la plèvre, où l'examen montre la présence de germes et la dégénérescence des polynucléaires transformés en globules pyoïdes, il existe, comme l'ont vu M. Widal et ses élèves, des épanchements dont la purulence n'est qu'apparente. Ils surviennent à la suite d'une exsudation très marquée de la séreuse, qui participe à l'inflammation d'un foyer de congestion pulmonaire ou de pneumonie sous-jacent. L'examen histologique, après centrifugation, montre une quantité énorme de polynucléaires intacts avec cellules endothéliales faisant fonction de macrophages, comme dans la pleurésie métapneumonique.

Ces constatations présentent la plus haute importance pour arriver au diagnostic de la nature exacte d'un épanchement pleural ayant l'aspect purulent.

Plusieurs faits choisis entre tous sont, dans cette clinique, l'objet d'une étude approfondie, pour montrer l'intérêt essentiel qui s'attache à ces recherches en vue de guider, suivant le cas, l'intervention opératoire ou l'abstention. Celle-ci doit être la règle en face de ces épanchements puriformes aseptiques de la plèvre.

AFFECTIONS DU SYSTÈME NERVEUX

*Troubles de sensibilité dans la zone du fémoro-cutané,
Thèse de Lyon, 1896. — La méralgie paresthésique (Gazette des Hôpitaux, 23 mars 1901).*

La connaissance de la méralgie paresthésique était toute
récente quand ce travail a été entrepris. Elle y a été étudiée
aux points de vue symptomatique, étiologique et pathogénique,
à la faveur des faits rapportés par les auteurs et d'observations
personnelles.

Symptomatologie. — La méralgie paresthésique est une
affection qui occupe le territoire du fémoro-cutané, à l'exclu-
sion constante du rameau fessier qui reste indemne. Dans le
domaine de ce nerf, on constate des phénomènes de paresthésie, d'anesthésie et des sensations douloureuses.

Les *troubles paresthésiques* sont généralement les premiers
en date : sensation d'*engourdissement*, siégeant tout d'abord
à l'union du tiers moyen et du tiers inférieur de la région
antéro-externe de la cuisse. Puis l'engourdissement devient du
fourmillement et s'étend en tache d'huile à toute la région
innervée par le rameau fémoral. Certains malades éprouvent
un *tiraillement*, ressemblant à une sorte de tension musculaire; d'autres des *picotements*, des *frémissements*, des *agace-
ments*, etc.

L'*anesthésie* subjective s'accompagne d'une sensation de
corps étranger, comme si du coton ou du duvet, ou du carton,
était interposé entre les vêtements et les téguments.

L'anesthésie objective est peu marquée.

Au *contact*, la sensibilité est seulement émoussée, obtuse, parfois pervertie.

La *piqûre* faible n'est pas perçue : les malades prétendent la sentir comme à travers une peau étrangère. Les piqûres fortes, au contraire, provoquent une douleur très vive.

Le *pincement* provoque de la douleur.

Les différences de *température* ne sont pas toujours bien perçues.

La *douleur* survient le plus souvent après une longue marche, une station debout prolongée. Elle augmente graduellement par l'accentuation de la fatigue, sans toutefois entraîner de gêne dans les mouvements de la jambe ni de la cuisse.

Étiologie. — Le traumatisme est fréquemment invoqué : choc unique, ou chocs plus légers mais répétés.

Le *froid* paraît avoir une influence assez marquée : un courant d'air, frappant sur la région du fémoro-cutané, peut la provoquer ; de même, la transition brusque de la chaleur au froid (boulanger, forgeron, fondeur).

Les auteurs ont fait intervenir aussi les infections les plus diverses, les intoxications (alcoolisme surtout), les dyscrasies, dont l'arthritisme, sans qu'aucune de ces causes soit prédominante.

Certaines professions favorisent l'éclosion de la méralgie. Tous ceux qui, de par leur métier ou leurs occupations journalières, sont appelés à faire de longues marches, ou à rester longtemps debout, semblent plus prédisposés que d'autres ; les médecins, militaires, employés de magasin, gardiens de musée, jardiniers, sont les plus frappés. Il en est de même des fondeurs, forgerons, boulangers, exposés à subir les changements brusques de température.

L'anatomie pathologique est encore inconnue. Aucune lésion des fibres nerveuses n'a pu être décelée. Dans quelques observations cependant on a noté un état variqueux des veines.

La *pathogénie* a été et est encore très discutée. Deux théorics sont en présence : une théorie congestive, d'après laquelle la stase veineuse serait cause de l'affection en question ; théorie névritique d'après laquelle le nerf aurait subi une imprégnation toxique.

Bien que la théorie névritique puisse expliquer la majorité des atteintes, la question n'est pas encore tranchée.

Le *diagnostic* est aisé ; le caractère particulier de l'affection l'impose ; elle ne peut être confondue qu'avec la pseudo-méralgie de Chipault, qui reconnaît pour origine une cause intrapelvienne ou médullaire, facile à dépister en raison des troubles qui l'accompagnent.

Le *traitement* médical se réduit à peu de choses : massage, électricité faradique ou galvanique, traitement de l'état infectieux ou dyscrasique incriminé.

Le traitement chirurgical a été tenté dans quelques cas : la résection du fémoro-cutané semble avoir donné de bons résultats.

Sur un cas de zona du maxillaire inférieur (*Gazette des Hôpitaux*, 5 décembre 1899).

Observation présentant les particularités suivantes : bilatéralité, symétrie de l'éruption, localisation exclusive à la muqueuse buccale, montrant par conséquent que le zona en question a été très partiel et ne s'est développé que dans le domaine du nerf lingual.

Action des substances microbiennes sur les nerfs périphériques (avec M. LAFFORGUE) (*Archives de médecine expérimentale*, juillet 1901).

Mémoire ayant pour but d'expliquer la pathogénie des névrites périphériques survenant au cours des maladies infectieuses. Il fallait déterminer comment les toxines agissaient sur les nerfs.

Le problème ne pouvait être résolu que par l'expérimentation : on a fait agir les diverses toxines connues (diphtérique, cholérique, pesteuse, pyocyanique, etc...) sur le sciatique de cobayes, en les portant au contact de ce dernier, par le procédé utilisé autrefois par MM. Pitres et Vaillard avec des substances chimiques. Les examens des nerfs ainsi traités ont été pratiqués après avoir sacrifié l'animal à des intervalles variables pour pouvoir suivre l'évolution des lésions.

Celles-ci, plus marquées avec certaines toxines que d'autres, ont revêtu les caractères suivants :

Elles débutent dans la partie du tube nerveux immédiatement adjacente à l'étranglement annulaire ; elles consistent dans la raréfaction de la myéline et sa fragmentation en gouttelettes qui se réunissent en amas dilatant la gaine de Schwann. Ce processus s'étend progressivement à tout le segment interannulaire ; le cylindraxe se dénude petit à petit ; le protoplasma et le noyau disparaissent. Donc lésions de nécrose segmentaire périaxile.

Le cylindraxe dénudé se gonfle ou devient filiforme ; sa rupture entraîne dès lors dans les segments sous-jacents la dégénérescence wallérienne.

On peut en déduire les conclusions suivantes :

1° Les toxines microbiennes pénètrent par dialyse dans l'intérieur de la fibre nerveuse par l'étranglement annulaire. Ranvier avait montré d'ailleurs que cet étranglement était, dans le tube nerveux, le seul point accessible à la pénétration des substances nutritives dans l'intérieur du segment interannulaire.

2° Elles exercent une action chimique nécrosante sur les éléments du segment interannulaire, et peuvent déterminer une lésion du cylindraxe entraînant la dégénérescence wallérienne.

Névrites expérimentales par sérum d'urémique (*Société de Biologie*, mars 1901). — ***Névrites expérimentales par sérums toxiques*** (*Société de Biologie*, 11 mai 1901). —

Action des sérums toxiques sur les nerfs périphériques
(*Archives de médecine expérimentale*, décembre 1901).

Certains états autotoxiques s'accompagnent parfois de névrites périphériques. Les phénomènes sensitivo-moteurs qui en résultent présentent des caractères cliniques identiques à ceux que l'on observe au cours ou au déclin des maladies infectieuses. Les lésions microscopiques sont constituées dans tous ces cas par la dégénérescence wallérienne.

Leur pathogénie devait être calquée sur celle des névrites infectieuses. C'est ce qu'il y avait lieu de vérifier. L'expérimentation a été conduite, comme dans les travaux précédents, à l'aide de sérums d'urémiques, de diabétiques, de cardiaques, d'addisoniens, etc.

Les conclusions sont les suivantes :

1° Ces sérums, mis en contact direct avec un nerf périphérique, provoquent des altérations de ses fibres élémentaires. Ces lésions histologiques sont semblables à celles qu'engendrent les toxines bactériennes : nécrose segmentaire péri-axile, puis dégénérescence wallérienne. Leur intensité varie avec le sérum employé.

2° Par analogie avec les faits expérimentaux, on peut admettre que les névrites périphériques observées en clinique dans les états toxémiques en général, sont dues à l'action nocive des produits toxiques imprégnant les fibres élémentaires des troncs nerveux. Cette notion, jusqu'alors hypothétique, se trouve confirmée.

Étude des altérations histologiques des nerfs périphériques dans les œdèmes chroniques (*Gazette des Hôpitaux*, 12 janvier 1905).

Travail destiné à décrire les lésions observées sur les troncs nerveux baignant dans la sérosité des œdèmes chroniques, provenant d'asystoliques, de brightiques, de phlébitiques.

Klippel avait décrit déjà à leur niveau des lésions de dégénérescence wallérienne.

Il a été facile de retrouver, outre cette dégénérescence spéciale, les altérations expérimentales, consignées dans les travaux précédents, et consistant dans la nécrose segmentaire périaxile, la dégénérescence wallérienne étant consécutive à cette dernière par altération profonde et rupture du cylindraxe.

Deux cas de névrite sciatique causée par des injections mercurielles pratiquées dans les muscles de la tesse (avec M. Taxton) (*Revue de Médecine*, 10 septembre 1901).

Histoire de deux malades qui, à la suite d'une injection mercurielle dans les muscles de la fesse, pratiquée en dehors de notre service, ont présenté très rapidement, dans la sphère de distribution du sciatique, des troubles graves, moteurs, sensitifs et trophiques. Ces phénomènes relèvent, à n'en pas douter, d'une névrite due à l'atteinte directe du tronc nerveux.

Les conditions dans lesquelles ces deux cas de névrite ont pris naissance rappellent en tous points les faits expérimentaux obtenus par MM. Pitres et Vaillard, quand ils injectaient directement au contact d'un tronc nerveux des substances chimiques diverses, et entre autres la liqueur de van Swieten ; à la même époque, la peptone mercurique employée de la même façon par M. Letulle donnait les mêmes résultats. Nous avons répété ces expériences avec les solutions habituellement en usage dans le traitement antisyphilitique pour les injections intramusculaires, soit de calomel, ou de biiodure, mais à doses très minimes.

Les lésions histologiques constatées ont été les mêmes que celles décrites par les auteurs précédents.

A propos des névrites vasculaires (*Société Médicale des Hôpitaux*, 21 juillet 1905).

L'origine vasculaire de certaines névrites n'est pas encore prouvée. L'examen de nerfs recueillis à la Salpétrière sur des cadavres d'individus très âgés, dont les artères terminales étaient presque obturées, a montré des lésions très inégales; intenses en certains cas, en d'autres elles étaient nulles.

Action des sérums toxiques sur l'écorce cérébrale de cobayes (*Société de Neurologie*, juin 1902). — **Etude pathogénique des paralysies centrales autotoxiques** (*Archives de Médecine expérimentale*, mars 1903).

Mémoire destiné à expliquer, par l'expérimentation, la genèse des paralysies centrales survenant au cours des états autotoxiques.

Les expériences ont consisté à porter directement au contact de la substance cérébrale de cobayes, après trépanation, une minime quantité de sérum de malades en proie à ces auto-intoxications (urémie, diabète, syndrome capsulaire, etc.).

L'injection était suivie parfois de phénomènes épileptiformes, passagers ou permanents jusqu'à la mort; en quelques cas, on observa une hémiplégie transitoire, comme on en constate en clinique humaine.

Les examens histologiques du parenchyme cérébral, après fixation à l'alcool et coloration par la méthode de Nissl, ont montré les particularités suivantes :

Les cellules pyramidales présentent, surtout par zones, des lésions nettes de chromatolyse : gonflement du protoplasma, dissolution des grains chromatophiles et chromophilie. Ces lésions, à un degré plus accusé, évoluent vers l'achromatose (rarement totale) : vacuoles, fissures en coup d'ongle. Les prolongements cellulaires sont gonflés, moniliformes, parfois chromophiliques. La souffrance du noyau, habituellement peu atteint, se traduit par de l'homogénéisation, partielle ou totale. Son volume se réduit, son contour devient ovoïde et irrégulier. Il est rarement déplacé vers la périphérie. Enfin, on observe de la neuronophagie.

Quand elles sont légères, ces lésions semblent réparables.

Syndrome de Weber et gangrène des orteils au cours de la rougeole, artérites oblitérantes et névrites périphériques (avec M. Simonin) (*Archives de Médecine expérimentale*, septembre 1902).

Syndrome de Weber observé chez un rougeoleux au cours d'une tuberculose en évolution. Les lésions ont consisté en des hémorragies multiples de la région pédonculaire. Ces phénomènes ont coïncidé avec la production d'artérites oblitérantes ayant entraîné au niveau des orteils des plaques de gangrène sèche. L'examen histologique a montré l'existence de la thrombose artérielle, et, d'autre part, des lésions de névrite périphérique très accusée.

Mort subite chez un jeune soldat par hémorragie cérébrale (avec M. Antony) (*Archives de Médecine et de Pharmacie militaires*, novembre 1905).

Sans prodromes, un soldat de 22 ans tombe et meurt. L'autopsie montre une oblitération toute récente, suivie de rupture du tronc basilaire, siège d'une artérite chronique rapportée à une fièvre typhoïde contractée plusieurs années auparavant.

Encéphalite expérimentale (avec M. Oberthur) (*Société de Biologie*, 11 mai 1907).

Réalisation chez le chien de l'encéphalite hémorragique non suppurée à l'aide d'injections intracérébrales de substances irritantes telle que l'alcool, l'éther, etc. Les lésions obtenues sont superposables à celles qu'on observe chez l'homme. Elles expliquent en partie la pathogénie toxique de l'encéphalite humaine.

Cette dernière a été exposée dans un mémoire resté inédit, ayant obtenu le *prix Civrieux* en 1906, et déposé aux Archives de l'Académie de Médecine.

Un cas de maladie de Thomsen (*Paris Médical*, 9 mai 1914).

Clinique médicale du Val-de-Grâce, où se trouve étudié un cas de maladie de Thomsen, incomplète dans ses symptômes; examen clinique et électrique; pathogénie; intérêt pour le médecin militaire de bien connaître de tels faits, afin d'éviter de prendre pour des simulateurs les sujets qui en sont atteints.

TRAVAUX DIVERS

Sur une épidémie de zona (*Revue de Médecine*, 10 mai 1901).

Relation d'une petite épidémie localisée de zona survenue dans une même chambrée; l'exposé est accompagné de réflexions sur le caractère épidémique et contagieux du zona essentiel.

Contrairement à la notion classique faisant de la fièvre zostérienne une maladie infectieuse comparable aux fièvres éruptives, il apparaît que le zona ne doit être considéré que comme un symptôme d'une infection quelconque, pouvant prendre le caractère épidémique, et dont le virus aurait une affinité élective pour l'organe dont la lésion donne lieu à l'ensemble symptomatique du zona.

Sur un cas de sarcôme angioplastique (*Société anatomique*, 1899, et *Archives de médecine expérimentale*, décembre 1900).

Étude anatomo-pathologique complète d'un sarcôme angioplastique primitif du testicule avec noyaux secondaires hépatiques, dont les différentes phases évolutives ont pu être suivies par l'examen histologique.

Les cellules géantes angioplastiques semblent prendre naissance à la suite de l'accolement de plusieurs cellules sarcomateuses, qui, se fusionnant, constituent un myéloplase se développant ultérieurement en opérant sa différenciation angioplastique. Cette cellule paraît jouer un rôle vaso-formateur, et semble destinée à l'accroissement progressif de vaisseaux préexistants.

Compression de la veine cave supérieure par une ectasie aortique d'origine syphilitique. Guérison (Revue de Médecine, 10 septembre 1900).

Étude clinique d'un malade présentant extérieurement tous les signes objectifs d'une compression de la veine cave supérieure (circulation complémentaire de la cage thoracique). Le diagnostic ne pouvait hésiter qu'entre une tumeur ou une ectasie aortique, sans qu'aucun signe soit assez caractéristique pour l'imposer. La radiographie seule a permis de préciser la lésion ; elle vint démontrer l'existence d'une ectasie de la portion ascendante de la crosse de l'aorte sans diverticule anévrysmal net. En raison de son origine syphilitique probable, le traitement spécifique a été institué, faisant disparaître progressivement tous les symptômes de compression observés.

Péricardite urémique (avec M. FERRIER) (*Société médicale des Hôpitaux,* novembre 1901).

Observation de péricardite aiguë survenue au cours d'une crise d'urémie, et sans cause infectieuse. Mort. Description des lésions du péricarde et du rein : néphrite parenchymateuse chronique avec figures d'hypertrophie compensatrice.

Note sur les différences de volume des lobules hépatiques humains (avec M. BRISSAUD) (*Société de Biologie,* 5 juillet 1902, et *Gazette hebdomadaire de Médecine et de Chirurgie,* 16 juillet 1902).

En comparant la lobulation de divers foies dans les différents lobes, on constate une règle presque absolue : en général, à part de rares exceptions, le lobe droit est formé de lobules plus volumineux que les autres ; ceux du lobe gauche sont plus exigus que ceux du lobe de Spiegel. Cette observation est de nature à démontrer une fois de plus l'indépendance pro-

bable, tant anatomique que physiologique, des lobes hépatiques. Enfin les différences peuvent être très marquées dans le
volume et le nombre des lobules des divers foies, envisagés
les uns par rapport aux autres.

Ces faits peuvent expliquer les variations observées par
Sabourin dans le volume des granulations des foies cirrhoti-
ques granuleux.

Sur un cas d'albuminurie au cours d'une crise hystérique
(*Société médicale des Hôpitaux*, 20 novembre 1903). —
**Rechute de fièvre typhoïde sous forme de pleuro ty-
phus** (*Société médicale des Hôpitaux*, 13 novembre 1903).
— **Leucocytose dans l'urémie expérimentale** (avec M. Gou-
RAUD) (*Société de Biologie*, janvier 1903).

*Lésions des capsules surrénales dans l'urémie expéri-
mentale* (*Société de Biologie*, 13 février 1904).

L'urémie aiguë a été produite chez une série de lapins par
la néphrectomie double. Les capsules surrénales présentaient
des lésions intéressantes; parfois légères, elles ont été trouvées
parfois très intenses.

Les altérations légères consistent en une congestion vasculaire assez marquée, aboutissant à de petites hémorragies;
dans la substance corticale, on note une prolifération cellulaire
abondante, atteignant certains groupes de tubes glandulaires.

Quand l'atteinte est grave, l'organe est très hyperémié,
voire même hémorragique.

Substance corticale. — Foyers hémorragiques sous la capsule de l'organe, mais aussi dans les différentes zones; ils ont
détruit une plus ou moins grande partie du parenchyme; on
trouve en outre des lésions cellulaires, nettement indépendantes de toute action mécanique, portant sur la couche gloméru-
laire et surtout sur la couche fasciculée. La cellule est défor-

mée, ses limites sont irrégulières, anguleuses. Le protoplasma, d'aspect vitreux, prend mal les colorants; l'atrophie de l'élément glandulaire en est la conséquence. Autour de ces foyers de nécrose on constate parfois une barrière de leucocytes, arrivés sans doute pour s'opposer à l'extension du processus dégénératif.

Substance médullaire. — Hémorragies énormes, véritable apoplexie surrénale, puis lésions cellulaires de même nature que précédemment.

Il semble donc que la capsule surrénale réagisse devant l'intoxication urémique, comme devant les intoxications arsenicale, phosphorée, tétanique, diphtérique, etc. La vascularisation et l'hypertrophie de certains éléments glandulaires semblent démontrer la suractivité de l'organe en vue de la défense contre l'envahissement toxique. Mais, le plus souvent, la cellule ne peut rester à la hauteur de sa tâche : sous l'influence d'un apport toujours croissant de poisons non éliminés, sa vitalité est compromise, elle est vouée à une dégénérescence rapide.

Thrombo-phlébite mésaraïque primitive (avec M. Mignon)
(*Presse Médicale*, 29 octobre 1904).

Observation qui s'ajoute à celles, assez rares, publiées antérieurement. Le malade présentait, au bout quelques jours de constipation et de douleurs abdominales, un syndrome d'occlusion intestinale, nécessitant l'intervention : l'ouverture du péritoine donne issue à un liquide sanguinolent abondant. Les anses grêles sont rouges et turgescentes ; le côlon ascendant est pâle et aplati ; mésentère dur et épais. Mort le soir.

L'autopsie montre l'épanchement péritonéal rouge, sans inflammation sous-jacente. Les anses intestinales, dans la fosse iliaque gauche, sont dilatées, fortement ecchymotiques. L'ouverture de l'intestin montre un épanouissement énorme de la paroi intestinale ; la muqueuse est rouge, violacée, noirâtre par endroits ; le contenu intestinal est une bouillie muqueuse noirâtre. Dans le mésentère, très épaissi, on constate des thrombus veineux énormes, semblant avoir débuté par la grande mésaraïque. L'examen histologique décèle un véritable infarctus intestinal, la thrombose primitive de la grande mésaraïque, la thrombose secondaire plus récente de la veine porte et une thrombose passive de la petite mésaraïque et de la veine splénique.

La *Fièvre des Trois jours* ou *Fièvre à pappatacis* (*Paris Médical*, 29 avril 1911).

Exposé de cette affection récemment étudiée en Herzégovine. Répartition géographique. Symptomatologie. Mode de transmission par l'intermédiaire de pappatacis.

Essais de vaccinothérapie antigonococcique (avec M. Paulon) (*Société Médicale des Hôpitaux*, octobre 1913).

Résultats très encourageants obtenus par la méthode de la vaccinothérapie antigonococcique (vaccin sensibilisé de Cruveilhier) dans le traitement de l'orchite blennorragique, et plus particulièrement dans un cas d'arthrite chronique de la hanche, de même origine, restée rebelle à toute autre médication.

Cystite blennorragique grave guérie par le vaccin antigonococcique sensibilisé (avec M. Paulon) (*Paris Médical*, 23 mai 1914).

Cas de cystite blennorragique grave n'ayant pu être améliorée par aucun traitement ; état général très précaire ; urines contenant 300 grammes de pus par 24 heures ; pus vésical fourmillant de gonocoques.

Sous l'influence des injections de vaccin sensibilisé, les

douleurs cédèrent rapidement, les urines se clarifièrent, le gonocoque disparut ; en un mois et demi, la guérison fut complète.

Le Tétanos (*Revue de la Gazette des Hôpitaux*, mars 1900). **Ankylostomiase. Symptomatologie et Etiologie.** (*Gazette des Hôpitaux*, 22 juillet 1904). — **Ankylostomiase. La prophylaxie** (*Gazette des Hôpitaux*, 29 juillet 1904).

Exposé de l'état de nos connaissances sur ces sujets d'après les acquisitions récentes.

Les maladies infectieuses dans l'armée, plus particulièrement en temps de guerre (*Paris Médical*, 16 janvier 1915).

Exposé des conditions étiologiques qui rendent les maladies infectieuses plus fréquentes et plus meurtrières en temps de guerre, et leur confèrent des caractères généraux et même cliniques différents de ceux qu'on a coutume d'observer en temps de paix.

Prophylaxie de la fièvre typhoïde dans l'armée (*Paris Médical*, 17 avril 1915).

Travail de vulgarisation rédigé d'après l'enseignement épidémiologique du Val-de-Grâce.

Hospitalisation dans la zone de l'avant et de l'arrière (*Paris Médical*, 15 et 22 mai 1915).

Sur la désinfection des locaux par la pulvérisation d'une solution de formol (*Revue d'Hygiène*, février 1902).

Les pulvérisations de formol du commerce à 25 p. 1000 avaient été préconisées sans qu'on possédât une base sérieuse concernant leur efficacité, et leur emploi. Des expériences furent dès lors instituées pour connaître leur action sur des cultures microbiennes fixées par dessication sur du papier, de même aussi sur des produits pathologiques desséchés, sur les poussières des locaux.

Les ensemencements de contrôle ont été pratiqués jusqu'à 24 heures après une pulvérisation de 5 minutes.

Les résultats ont été les suivants :

Une solution faible de formol suffit à détruire la plupart des bactéries fixées par dessication sur du papier, lorsque l'action de l'agent microbicide sur ces bactéries a été suffisamment prolongée.

Après 24 heures, tous les germes, sauf les germes sporulés, sont détruits.

Avec les déjections typhoïdiques ou dysentériques, les exsudats diphtériques, la stérilisation est obtenue après un contact de même durée.

Des fils de soie imprégnés de crachats tuberculeux, puis desséchés dans le vide, ont été soumis à la même action, puis après 24 heures, introduits dans le péritoine de cobayes. Contrairement à toute atteinte, la stérilisation des crachats a été réalisée par la solution formolée utilisée.

Ces expériences ont été complétées par les essais pratiqués sur les poussières des locaux. La stérilisation totale des poussières n'a pas été obtenue, mais le nombre des germes qu'elles renferment a été diminué dans des proportions considérables, et, sauf les spores très résistantes qui n'ont pas été détruites, la plupart des autres bactéries, surtout celles qui peuvent éventuellement devenir pathogènes, ont perdu leur végétabilité.

L'expérience a montré ultérieurement que ce procédé de désinfection des locaux était simple, efficace, et ne nécessitait ni personnel spécial, ni appareillage autre que les pulvérisateurs ordinaires, actuellement très répandus.

Épuration des eaux d'alimentation publique par les composés oxychlorés (avec M. Rouquette) (*Paris Médical*, août 1912).

Description détaillée de la méthode que nous avons utilisée pour stériliser l'eau du réservoir d'alimentation de l'asile d'aliénés de Marseille à l'occasion de l'épidémie de choléra de 1911.

L'eau à purifier était contenue dans un réservoir central de 500 mètres cubes. Un bassin cimenté de o mc 5 fut construit pour amener l'eau et la mélanger à l'hypochlorite. Au-dessus de ce bassin, on installa dans une sorte d'armoire en bois deux récipients remplis d'eau de javel, reliés par un tube de verre et réalisant un dispositif du type « vase de Mariotte », destiné à régler l'écoulement de l'eau de Javel dans un temps donné, et suivant la quantité d'eau à stériliser. L'hypochlorite tombant goutte à goutte et l'eau s'écoulant du tuyau d'arrivée étaient déversés dans un tuyau de grès descendant jusqu'au fond du bassin ; d'où brassage énergique de l'eau à épurer et de l'eau de Javel.

La quantité d'hypochlorite à verser fut calculée de façon qu'un milligramme de chlore fut ajouté à 1 litre d'eau contenant 1 mmgr. de matière organique, soit 1 litre d'eau de javel à 32° chlorométriques pour stériliser 100 mètres cubes d'eau.

Cette dose de chlore ajoutée à l'eau (en réalité 3 gouttes d'hypochlorite pour 3 litres d'eau) ne présente aucun inconvénient pour l'organisme ; elle augmente seulement la quantité de chlorures. Elle assure la destruction des bactéries pathogènes véhiculées par l'eau.

La javellisation a été ainsi pratiquée durant tout l'été 1911 à l'asile d'aliénés, de même aussi à Avignon en 1912 à l'occasion d'une grave épidémie d'origine hydrique de fièvre typhoïde.

Enfin ce procédé a été utilisé couramment dans les armées pendant la guerre : javellisation dans les cantonnements, javellisation de l'eau contenue dans les voitures du Touring-Club, javellisation automatique à chaque poste d'eau.

L'épuration de l'eau en campagne (*Paris médical*, 30 janvier 1915).

Travail de vulgarisation destiné à faire connaître les divers procédés capables d'assurer l'épuration de l'eau d'alimentation en campagne. Discussion montrant les avantages et les inconvénients des diverses méthodes.

VIII. — ÉNUMÉRATION CHRONOLOGIQUE

1896.   1. Troubles de sensibilité dans la zone du fémoro-cutané, Thèse de Lyon, 1896.

1898.   2. Un cas d'angine à bacilles fusiformes(*Presse médicale*, août 1898).

1899.   3. Sur un cas de sarcôme angioplastique (*Société analomique*, 1899).

4. Un cas de zona du maxillaire inférieur (*Gazette des Hôpitaux*, décembre 1899).

1900.   5. Le Tétanos (*Gazette des Hôpitaux*, 1900).

6. Des Névrites palustres (avec M. Sacquépée) (*Revue de médecine*, 10 août 1900).

7. Sarcôme angioplastique (*Archives de médecine expérimentale*, décembre 1900).

8. La phagocytose dans la dysenterie (*Annales de l'Institut Pasteur*, 25 décembre 1900).

1901.   9. La méralgie paresthésique (*Gazette des Hôpitaux*, août 1901).

10. Névrites expérimentales par sérum d'urémiques (*Société de Biologie*, avril 1901).

11. Néphrites expérimentales par sérums toxiques (*Société de Biologie*, 10 mai 1901).

12. Epidémie de zona (*Revue de médecine*, mai 1901).

13. Note sur l'étude cytologique des épanchements des diverses séreuses (avec M. Tanton) (*Société médicale des Hôpitaux*, 12 juillet 1901, et *Gazette des Hôpitaux*, 16 juillet 1901).

14. Sur un cas de zona thoracique à disposition métamérique (*Société médicale des Hôpitaux*, 19 juillet 1901).

15. Action des substances microbiennes sur les nerfs périphériques (avec M. Laffougue) (*Archives de médecine expérimentale*, juillet 1901).

16. Deux cas de névrite sciatique causée par des injections mercurielles pratiquées dans les muscles de la fesse (avec M. Taxton) (*Revue de médecine*, 10 septembre 1901).

17. Etiologie et Prophylaxie du Paludisme (*Gazette des Hôpitaux*, 14 septembre 1901).

18. Péricardite urémique (avec M. Ferrier) (*Société médicale des Hôpitaux*, novembre 1901).

1902. 19. Note sur le Cytodiagnostic de la pleurésie rhumatismale (*Société de Biologie*, janvier 1902).

20. Désinfection des locaux par le formol (*Revue d'Hygiène*, février 1902).

21. Sur un cas de fièvre typhoïde avec symptômes méningés. Cytodiagnostic négatif (*Société médicale des Hôpitaux*, 21 février 1902).

22. Note sur la contagion de l'angine et de la stomatite de Vincent. Mai 1902.

23. L'angine de Vincent (*Gazette des Hôpitaux*, 10 mai 1902).

24. Action de sérums toxiques sur l'écorce cérébrale du cobaye (*Société de Neurologie*, juin 1902).

25. Note sur les différences de volume des lobules hépatiques humains (avec M. Brissaud) (*Société de Biologie*, 5 juillet 1902, et *Gazette hebdomadaire de médecine et de chirurgie*, 17 juillet 1902).

26. Sur l'évolution et le rôle phagocytaire de la cellule endothéliale des épanchements de séreuses (avec MM. Widal et Ravaut) (*Société de Biologie*, 10 juillet 1902, et *Gazette des Hôpitaux*, 29 juillet 1902).

1903. 27. La Leucocytose dans l'urémie expérimentale (avec M. Gouraud) (*Société de Biologie*, janvier 1903).

28. Etude pathogénique des paralysies centrales autotoxiques (*Archives de médecine expérimentale,*
mars 1903).

29. Etiologie de la dysenterie épidémique (avec M. Vaillard) (*Académie de médecine*, 12 mai 1903).

30. Contribution à l'Etiologie de la dysenterie épidémique (avec M. Vaillard) (*Annales de l'Institut
Pasteur*, 25 juillet 1903).

31. Rechute de fièvre typhoïde sous forme de pleuro-
typhus (*Société médicale des Hôpitaux*, 13 novembre 1903).

32. Un cas d'albuminurie au cours d'une crise hystérique (*Société médicale des Hôpitaux*, 20 novembre 1903).

33. Le liquide céphalo-rachidien dans le coup de chaleur (*Société médicale des Hôpitaux*, 4 déc. 1903).

1904. 34. Lésions des capsules surrénales dans l'urémie expérimentale (avec M. Gouraud) (*Société de Biologie*, 13 février 1904).

35. A propos de deux cas de méningite lymphocytique
au cours des oreillons (*Société médicale des Hôpitaux*, 27 mars 1904).

36. Sur l'agglutination des streptocoques recueillis
chez les scarlatineux (*Société de Biologie*,
14 mai 1904).

37. Le rétrécissement pupillaire dans les angines
phlegmoneuses, banales et diphtériques (*Société
médicale des Hôpitaux*, 27 mai 1904).

38. Contribution à l'étude du rôle du streptocoque au
cours de la scarlatine (avec M. Besredka) (*Annales de l'Institut Pasteur*, 25 juin 1904).

39. Ankylostomiase. Répartition géographique. Symptômes. Etiologie (*Gazette des Hôpitaux*, 22 juillet 1904).

40. Paralysie faciale ourlienne. Lymphocytose du liquide céphalo-rachidien (*Société médicale des*

Hôpitaux, 29 juillet 1903, et *Gazette des Hôpitaux*, 2 août 1904).

41. Contagiosité de la dysenterie amibienne en France (*Société médicale des Hôpitaux*, 28 octobre 1904).

42. Ankylostomiase. Prophylaxie (*Gazette des Hôpitaux*, 29 oct. 1904).

43. Thrombophlébite mésaraïque primitive (avec M. Mignon) (*Presse médicale*, 29 oct. 1904).

44. Transmissibilité de la dysenterie amibienne en France. Importance de l'examen bactériologique dans tout cas de dysenterie (*Presse médicale*, 5 novembre 1904).

1905. 45. Etude des altérations histologiques des nerfs périphériques dans les œdèmes chroniques (*Gazette des Hôpitaux*, 12 janv. 1905).

46. Cytologie du liquide parotidien au cours des oreillons (avec M. Sicard) (*Société de Biologie*, 18 février 1905).

47. A propos de la méningite ourlienne (*Société médicale des Hôpitaux*, 3 mars 1905).

48. Effets expérimentaux de la toxine dysentérique sur le système nerveux central (*Société de Biologie*, 4 mars 1905).

49. Sensibilisatrice spécifique dans le sérum des animaux vaccinés contre le bacille dysentérique *Société de Biologie*, 11 mars 1905). (

50. Sensibilisatrice spécifique dans le sérum des malades atteints de dysenterie bacillaire (*Société de Biologie*, 18 mars 1905).

51. Manifestations méningées au cours de la scarlatine (*Société médicale des Hôpitaux*, 31 mars 1905).

52. Action locale du sérum antidiphtérique (*Société médicale des Hôpitaux*, 31 mars 1905, et *Gazette des Hôpitaux*, 4 avril 1905).

53. Cytologie parotidienne des oreillons (avec M. Sicard) (*Presse médicale*, 12 avril 1905).

54. Méningite cérébro-spinale. Epidémiologie.Prophylaxie (*Gazette des Hôpitaux*, 19 mai 1905).

55. Note étiologique sur l'épidémie de dysenterie de la garnison de Paris 1904 (avec M. Sicre) (*Gazette des Hôpitaux*, 6 juin 1905).

56. Le régime déchloruré dans la scarlatine (*Société médicale des Hôpitaux*, 16 juin 1905).

57. Précipitines dans le sérum d'animaux vaccinés contre le bacille dysentérique (*Société de Biologie*, 1er juillet 1905).

58. La diarrhée, forme larvée de la dysenterie bacillaire (*Gazette des Hôpitaux*, 7 juillet 1905).

59. Effets expérimentaux de la toxine dysentérique sur le système nerveux (*Annales de l'Institut Pasteur*, 25 juin 1905).

60. Névrites vasculaires (*Société médicale des Hôpitaux*, 21 juillet 1905).

61. Sur quelques points relatifs à l'action pathogène de l'amibe dysentérique (*Annales de l'Institut Pasteur*, 25 juillet 1905).

62. Hygiène alimentaire (avec M. Rouget). 1 volume du Traité d'Hygiène de MM. Brouardel, Chantemesse et Mosny (J.-B. Baillière et fils), 1905.

63. Mort subite chez un jeune soldat par hémorragie cérébrale. Artérite typhoïdique ancienne (avec M. Anthony) (*Archives de médecine et de pharmacie militaire*, novembre 1904).

64. Action protectrice du chlorure de calcium sur l'hémolyse (avec M. Vincent) (*Société de Biologie*, 16 décembre 1905).

65. Sensibilisatrice dysentérique spécifique dans le sérum des animaux vaccinés et des malades (*Annales de l'Institut Pasteur*, 26 décembre 1905).

1906. 66. La Dysenterie bacillaire. Bactériologie. Discussion sur l'unité spécifique (*Bulletin de l'Institut Pasteur*, 15 et 30 janvier 1906).

67. Résistance globulaire dans la fièvre bilieuse hémoglobinurique (avec M. VINCENT) (*Société de Biologie*, 17 février 1906).

68. Nouvelles recherches sur la pathogénie de la fièvre bilieuse hémoglobinurique (avec M. VINCENT) (*Société de Biologie*, 17 février 1906).

69. Sur le sérum antidysentérique (avec M. VAILLARD) (*Académie de médecine*, 20 février 1906).

70. Action du chlorure de calcium sur les hémolysines bactériennes (avec MM. VINCENT et H. BILLET) (*Société de Biologie*, 4 mars 1906).

71. Sérothérapie antidysentérique (avec M. VAILLARD) Congrès de Lisbonne, 1906.

72. Le sérum antidysentérique (avec M. VAILLARD) (*Annales de l'Institut Pasteur*, 25 mai 1906).

73. Méningite cérébro-spinale guérie par injection intrarachidienne de collargol (*Société médicale des Hôpitaux*, 19 octobre 1906).

74. Sur le traitement de la dysenterie amibienne par le Kho-Sam (*Société médicale des Hôpitaux*, 18 mai 1906).

75. Pratique médico-chirurgicale, dirigée par MM. BRISSAUD, PINARD et RECLUS (Paris, 1906, Masson et Cie. édit.) Articles: paludisme, dysenterie, insolation, typhus exanthématique, aïnhum, psittacose, lathyrisme, trypanosomiase, moustiques, choléra, peste, rage, fièvre jaune, bilharziose, typhus récurrent, ankylostomiase, ladrerie, béribéri, conserves alimentaires, fièvre de Malte.

1907. 76. Les effets curatifs du sérum antidysentérique (*Annales des maladies de l'appareil digestif et de la nutrition*, février 1907).

77. La sérothérapie dans le traitement de la dysenterie bacillaire (avec M. VAILLARD) (*Académie de médecine*, 9 avril 1907).

78. La sérothérapie antidysentérique (avec M. VAILLARD) (*Annales de l'Institut Pasteur*, 25 avril 1907).

79. Sur la prophylaxie des paralysies diphtériques du voile du palais par les pastilles de sérum desséché (*Société médicale des Hôpitaux*, mai 1907).

80. Encéphalite expérimentale (avec M. Oberthur) (*Société de Biologie*, 11 mai 1907).

81. Anatomie pathologique de la dysenterie bacillaire (*Archives de médecine expérimentale*, mai 1907).

82. La dysenterie bacillaire. Son traitement par la sérothérapie (avec M. Vaillard) (*Presse médicale*, 5 juin 1907).

83. Anatomie pathologique de la dysenterie amibienne (*Archives de médecine expérimentale*, juillet 1907).

84. Anatomie pathologique des dysenteries balantidienne et bilharzienne (*Archives de médecine expérimentale*, septembre 1907).

85. Vaccination antidysentérique expérimentale (*Société de Biologie*, 26 octobre 1907).

86. Paralysie faciale au cours d'un érysipèle ambulant (*Progrès médical*, 30 nov. 1907).

87. Hygiène militaire (avec M. Rouget), 1 volume de 350 pages du Traité d'Hygiène de MM. Brouardel, Chantemesse et Mosny (Paris, 1907, J.-B. Baillière et fils, éditeurs).

1908. 88. Traitement de la dysenterie amibienne par les lavements créosotés (*Société de Pathologie exotique*, 12 février 1908).

89. Méningite lymphocytique ourlienne avec atteinte du trijumeau et zona d'une de ses branches (*Paris médical*, 22 février 1908).

90. Diagnostic des dysenteries (*Progrès médical*, 9 mai 1908).

91. Vaccination antidysentérique expérimentale par les voies digestives (*Société de Biologie*, 16 mai 1908).

92. Bactériologie des dysenteries. 1 volume de l'Encyclopédie scientifique (Paris, 1908, O. Doin, éditeur).

g3. Un cas d'angine d'aspect pseudo-diphtérique, causé par un pseudo-méningocoque (*Progrès médical,* 18 juillet 1908).

94. Coagglutination du méningocoque et du gonocoque (avec M. Raym. Koch) (*Société de Biologie,* 25 juillet 1908).

g5. Sur les précipitines du méningocoque et du gonocoque (avec M. Raym. Koch) (*Société de Biologie,* 25 juillet 1908).

g6. Action du méningocoque et des bactéries similaires sur les milieux sucrés au neutralroth (avec M. Raym. Koch) (*Société de Biologie,* 24 oct. 1908).

97. Recherche du méningocoque dans le rhinopharynx. Son identification (avec M. Raym. Koch) (*Presse médicale,* 28 octobre 1908).

98. Contribution à l'étude épidémiologique et prophylactique de la méningite cérébro-spinale (avec M. Job) (*Hygiène générale et appliquée,* novembre 1908).

99. Diagnostic bactériologique de la méningite cérébro-spinale (*Société médicale des Hôpitaux,* 11 décembre 1908).

1909. 100. Epidémie de dysenterie bacillaire chez des singes macaques (avec M. Ravaut) (*Société de Pathologie exotique,* 13 janvier 1909).

101. Eosinophilie dans la dysenterie amibienne (*Société de Pathologie exotique,* 13 janvier 1909).

102. Technique des injections de sérum antiméningococcique dans le traitement de la méningite cérébro-spinale (*Progrès médical,* 23 avril 1909).

104. Lymphocytose du liquide céphalo rachidien dans la méningite cérébro-spinale (*Société médicale des Hôpitaux,* 15 mai 1909).

105. Co-précipitation du méningocoque et du diplococus crassus (*Société médicale des Hôpitaux,* 21 mai 1909).

106. Précipitines méningococciques et co-précipitines (*Société de Biologie*, 26 juin 1909).

107. La sérothérapie antiméningococcique dans 196 cas de méningite cérébro-spinale (*Société médicale des Hôpitaux*, 2 juillet 1909).

108. Sur quelques germes isolés du rhino-pharynx, voisins du méningocoque (paraméningocoques) (*Société de Biologie*, 3 juillet 1909).

109. Traitement de la dysenterie amibienne (*Progrès médical*, novembre 1909).

110. Oreillons. Article du volume « Etiologie et Prophylaxie spéciales » du Traité d'hygiène de BROUARDEL, CHANTEMESSE et MOSNY (Paris, 1909, J.-B. Baillière et fils, édit.).

111. Les acquisitions récentes sur la méningite cérébro-spinale épidémique (*Congrès pour l'avancement des sciences*, Lille, août 1909).

112. La vaccination préventive de la dysenterie bacillaire (*Progrès médical*, 7 août 1909).

113. La vaccination préventive contre la dysenterie bacillaire Ses bases expérimentales (*Annales de l'Institut Pasteur*, 25 septembre 1909).

114. Anatomie pathologique de l'orchite ourlienne (avec M. REPACI) (*Archives de médecine expérimentale*, septembre 1909).

115. Les acquisitions nouvelles sur la méningite cérébro-spinale épidémique et son agent spécifique (*Bulletin de l'Institut Pasteur*, 30 nov. et 15 déc. 1909).

1910. 116. La dysenterie bacillaire expérimentale par ingestion (avec M. REPACI) (*Société de Biologie*, 15 janvier 1910).

117. Le liquide céphalo rachidien dans la méningite cérébro-spinale épidémique (*Progrès médical*, 25 janvier 1910).

118. Les symptômes et le diagnostic de la méningite

cérébro-spinale (avec M. Boidin) (*Journal médical français*, 15 février 1910).

119. **La prophylaxie et le traitement de la méningite cérébro-spinale** (avec M. Boidin) (*Journal médical français*, 15 février 1910).

120. **Le traitement de la méningite cérébro-spinale** (*Conférence à la Société de l'Internat*, 24 février 1910).

121. **Le sérum antiméningococcique** (*Annales de l'Institut Pasteur*, 25 avril 1910).

122. **Action du sérum antiméningococcique sur le méningocoque** (avec M. Briot) (*Société de Biologie*, 2 juillet 1910).

123. **Pathogénie des accidents observés au cours de l'immunisation des chevaux contre le méningocoque** (avec M. Briot) (*Société de Biologie* 2 juillet 1910).

124. **Moyen de prévenir les accidents observés chez le cheval en cours d'immunisation antiméningococcique** (avec M. Briot) (*Société de Biologie*, 23 juillet 1910).

125. **La méningite ourlienne** (*Paris médical*, 10 décem- 1910).

126. **Action bactériolytique du sérum antiméningococcique sur le méningocoque et les bactéries similaires** (*Société de Biologie*, 10 déc. 1910).

127. **L'action lytique du sérum antiméningococcique est-elle spécifique?** (*Société de Biologie*, 18 déc. 1910).

128. **Différenciation du méningocoque et des germes similaires par l'épreuve du péritoine** (*Société de Biologie*, 24 déc. 1910).

129. **Les Dysenteries.** Epidémiologie, anatomie pathologique et thérapeutique. 1 volume des Actualités médico-chirurgicales de terre et de mer (Paris, 1910, O. Doin, éditeur).

130. La fièvre des trois jours ou fièvre à pappatacis (*Paris médical*, 29 avril 1911).

1911. 131. Méningites cérébro spinales à paraméningoco-ques (*Société médicale des Hôpitaux*, 12 mai 1911).

132. Le choléra dans les Pouilles (*Paris médical*, 29 juillet 1911).

133. Insuccès de la sérothérapie antiméningococcique. Ses causes, les moyens de les éviter (*Paris médical*, 5 août 1911).

1912. 134. Diagnostic bactériologique des angines (*Paris médical*, avril 1912).

135. A propos de la recherche des vibrions dans les selles des malades (*Société de Pathologie exotique*, 8 mai 1912).

136. L'épidémie de choléra asiatique à l'asile Saint-Pierre à Marseille en 1911 (avec M. SALIMBÉNI) (*Société de Pathologie exotique*, 8 mai 1912).

137. Diagnostic bactériologique de la dysenterie (*Paris médical*, 14 mai 1912).

138. Le choléra de l'asile Saint-Pierre à Marseille (avec M. SALIMBÉNI) (*Annales d'hygiène publique*, juin 1912).

139. Pratique médico chirurgicale, dirigée par MM. Brissaud, Pinard et Reclus, 2e édition, 1er supplément 1912. Articles : Fièvre de Malte, fièvre à pappatacis, filariose, peste pneumonique.

140. Analyse bactériologique du liquide céphalo-rachidien (*Paris médical*, 12 juin 1912).

141. Essais thérapeutiques de la méningite cérébro-spinale paraméningococcique (*Société médicale des Hôpitaux*, 14 juin 1912).

142. Diagnostic étiologique de la méningite méningococcique (*Paris médical*, 27 juillet 1912).

143. Diagnostic bactériologique du choléra (*Paris médical*, 24 août 1912).

144. Epuration des eaux d'alimentation publique par les composés oxychlorés (avec M. Rouquette). (*Paris médical*, août 1912).

145. L'infection paraméningococcique (*Paris médical*, 11 octobre 1912).

146. Diagnostic bactériologique de la dysenterie bacillaire (*Paris médical*, 26 octobre 1912).

147. Diagnostic bactériologique de la dysenterie amibienne (*Paris médical*, 14 déc. 1912).

148. Sérothérapie antiméningococcique. Article du volume « Médicaments microbiens » de la Bibliothèque de thérapeutique de Gilbert et Carnot (Paris 1912, J.-B. Baillière et fils, éditeurs).

149. Sérothérapie antidysentérique (avec M. Vaillard) Article du volume « Médicaments microbiens » de la Bibliothèque de Thérapeutique de Gilbert et Carnot (Paris, 1912. J.-B. Baillière et fils, éditeurs).

1913. 150. Sur l'action de l'émétine dans la dysenterie amibienne (*Société médicale des Hôpitaux*, mars 1913).

151. Emétine et dysenterie amibienne (*Société médicale des Hôpitaux*, 4 avril 1913).

152. Chlorhydrate d'émétine et amibiase (*Société médicale des Hôpitaux*, 18 avril 1913).

153. Vaccination antigonococcique (avec M. Pauron) (*Société médicale des Hôpitaux*, 23 octobre 1913).

154. Traitement des lésions amibiennes par les sels d'émétine (*Paris médical*, 3 nov. 1913).

155. Le chlorhydrate d'émétine dans le traitement de l'amibiase (*Académie de médecine*, 18 nov. 1913).

156. Les épanchements puriformes aseptiques de la plèvre (*Paris médical*, 22 nov. 1913).

157. Contribution à l'étude de l'action de l'émétine dans le traitement des abcès dysentériques du foie (avec M. Pauron) (*Société médicale des Hôpitaux*, 28 nov. 1913).

158. Contagiosité de la méningite cérébro-spinale (*Presse médicale*, 17 déc. 1913).

1914. 159. Amibiase et émétine (*Société de Pathologie exotique*, 11 février 1914).

160. Action de l'émétine dans le traitement des abcès amibiens du foie (*Paris médical*, 4 mars 1914).

161. Traitement de la dysenterie amibienne par l'émétine (*Paris médical*, 14 mars 1914).

162. Sérothérapie antiméningococcique et association du pneumocoque et du méningocoque (*Société médicale des Hôpitaux*, 27 mars 1914).

163. Un cas de maladie de Thomsen (*Paris médical*, 9 mai 1914).

164. Cystite blennorragique grave guérie par le vaccin antigonococcique sensibilisé (avec M. Pauron) (*Paris médical*, 23 mai 1914).

165. La saturation des agglutinines et des précipitines appliquée à la différenciation du méningocoque et des paraméningocoques (avec M. Pauron) (*Société de Biologie*, 20 juin 1914).

166. Différenciation des paraméningocoques entre eux (avec M. Pauron) (*Société de Biologie*, 27 juin 1914).

167. A propos du diagnostic étiologique de la méningite cérébro-spinale (*Société médicale des Hôpitaux*, 26 juin 1914).

168. Diagnostic bactériologique des méningites cérébro-spinales à méningocoques et à paraméningocoques (avec M. Pauron) (*Société médicale des Hôpitaux*, 25 juin 1914).

169. La saturation des bactériolysines appliquée à la différenciation du méningocoque et des paraméningocoques entre eux (avec M. Pauron) (*Société de Biologie*, 4 juillet 1914).

1915. 170. La prévention du choléra par la vaccination anticholérique (*Paris médical*, 3 janvier 1915).

171. Les maladies infectieuses dans l'armée en temps de guerre (*Paris médical*, 16 janvier 1915).

172. L'épuration de l'eau en campagne (*Paris médical*, 30 janvier 1915).

173. Prophylaxie de la fièvre typhoïde (*Paris médical*, 17 avril 1915).

174. La dysenterie bacillaire dans les armées en campagne (*Paris médical*, 24 avril 1915).

175. L'hospitalisation dans la zone de l'avant (*Paris médical*, 15 mai 1915).

176. L'hospitalisation dans la zone de l'arrière (*Paris médical*, 22 mai 1915).

177. Prophylaxie du choléra dans les armées en campagne (*Paris médical*, 24 juillet 1915).

1917. 178. La dysenterie amibienne dite autochtone (*Paris médical*, 12 mai 1917).

179. Note au sujet du méningocoque et des paraméningocoques (*Société médicale des Hôpitaux*, 12 octobre 1917).

180. Diagnostic et traitement de la méningite cérébro-spinale. 1 volume des Actualités médicales, 96 pages (Paris, 1917, J.-B. Baillière et fils, éditeurs).

1918. 181. Épidémiologie de la méningite cérébro-spinale (*Annales d'Hygiène publique et de Médecine légale*, mars 1918).

TABLE DES MATIÈRES

—

Poitiers. — Imp. G. ROY, 7, rue Victor-Hugo.